EINE AUSWAHL ÜBERLIEFERTER REZEPTE

ECHT GRIECHISCH KOCHEN

FOTORAMA

EINE AUSWAHL ÜBERLIEFERTER REZEPTE

ECHT GRIECHISCH KOCHEN

REZEPTE
ALEXANDROS VALAVANIS

FOTOS
GIORGOS DEPOLLAS

GERICHTE-ZUBEREITUNG UND PRÄSENTATION
TASSOS TOLIS

ÜBERSETZUNG
REGINA-LUISE ERIKA SCHINKE

EINFÜHRUNGSTEXT
DIMITRIS KOROVESSIS

FOTORAMA

Herausgegeben in Griechenland vom
FOTORAMA-Verlag,
Sina Str. 52, GR-106 72 ATHEN,
Tel.: (01) 364.3592 - Fax: (01) 364.3323

Verlagsleitung: Alexandros Valavanis
Fotos:Giorgos Depollas
Künstlerische Gestaltung: D. Korovessis, T. Danon
Montage: Petros Kapelas
Farbreproduktion: A. Bastas - D. Plessas
Druck: Chaidemenos AG
Bindearbeit: G. Moutsis - G. Iliopoulos

ISBN: 960 - 85373 - 4 -7

Wir danken dem Verband der griechischen Wein- und Getränke-Industrie für die Unterstützung beim Kapitel "Griechische Weine".

AUSWAHL GRIECHISCHER KÄSE (Seite 6)
AITOLOAKARNANIA: AM EVINOS-FLUSS (rechts)
SANTORINI (THIRA): DIVERSE VORSPEISEN IM SCHATTEN DES VULKANS (Seite 10-11)

TAVERNEN-INHABER AUF MYKONOS

INHALT

VORWORT DES HERAUSGEBERS

GASTRONOMIE: Die Kunst der richtigen Wahl und Zubereitung unserer Nahrung.
Haben Sie sich je gefragt, was eines der meistverbreiteten, international gebrauchten Wörter genau bedeutet und aus welcher Sprache es stammt? Gastronomie - ein Wort griechischen Ursprungs, das die Mentalität eines ganzen Volkes ausdrückt.

In diesem Buch sind mehr als 150 Rezepte angeführt, eine sorgfältige Auswahl aus den einzelnen Gebieten Griechenlands. Griechische Hausmannskost, wie sie nur wenigen bekannt ist, wichtigste Elemente einer langjährigen Kochtradition in einem einzigartigen Buch. Eine Führung in die unübertreffliche Welt ortsüblicher kulinarischer Genüsse, ohne die wir über das allen bekannte Griechenland nicht so viel zu sagen hätten.

ECHT GRIECHISCH KOCHEN enthält zudem über 90 Farbfotos, repräsentative Beispiele der MENSCHEN in ihrer Umgebung. Alle sorgfältig ausgesuchten Rezepte wurden ausprobiert und die Gerichte eigens für dieses Buch fotografiert. Der jeweils einmalige echt griechische Geschmack wird Sie begeistern und ein wenig von der griechischen Natur an Ihren Tisch zaubern.

"KAKAVIA" (FISCHSUPPE) MIT BLICK AUF DEN HAFEN VON PAROS (links, Rezept Seite 44)

TAVERNE AN DER KÜSTE DES PELOPONNES

WERK DES VOLKSMALERS THEOFILOS VON DER INSEL LESBOS

Einführung in die griechische Kochkunst

"ΑΡΧΗ ΚΑΙ ΡΙΖΑ ΠΑΝΤΟΣ ΑΓΑΘΟΥ Η ΤΗΣ ΓΑΣΤΡΟΣ ΗΔΟΝΗ ΚΑΙ ΤΑ ΣΟΦΑ ΚΑΙ ΤΑ ΠΕΡΙΤΤΑ ΕΠΙ ΤΑΥΤΗΝ ΕΧΕΙ ΤΗΝ ΑΝΑΦΟΡΑΝ"

ΕΠΙΚΟΥΡΟΣ
Ηδονιστής φιλόσοφος'

Sollte Ihnen (Gott gebe es) widerfahren, daß man Sie zu einem echt griechischen Essen einlädt, wird sich Ihre Überraschung über die kulinarischen Genüsse und eine gewisse Erregung der Sinne schwer verbergen lassen. Genauso schwer wird es, in Kochbüchern nach Erklärungen zu suchen. Die griechische Küche gibt ihre Geheimnisse nicht denjenigen preis, die sie zu entmystifizieren versuchen! Unerwartet und heftig entspringen ihr die Köstlichkeiten, bezaubert sie Eingeweihte ihres Mythos, der die griechische Kochkunst als Abstammung von den alten

FLUSS IN KARPENISSI (Seite 18-19)

Griechen und echtes Kind einer einmaligen Natur, aus der sie hervorgegangen sind, sehen will.

Hellas mit seinen anmutigen Gebirgsketten und kleinen fruchtbaren Tälern ist ein von Meeren umgebenes Land. Der Geruch des Meeres vermischt sich mit den Düften von Oregano und Thymian der Berge. Eine strahlende Sonne verzaubert die Farben, und Winde - mal erfrischend, mal brausend - kommen auf, um die "Veränderung", die treibende Kraft dieses kleinen Landes, willkommen zu heiβen. Die Landschaft wechselt ständig, und nur so erholt sich die unruhige Seele der Griechen in ihr.

Dieses kleine Volk entwickelte vor tausenden von Jahren eine der herrlichsten Kulturen der Welt. Auch die Ansicht des "ευ ζnv" (Wohllebens) war ein Produkt dieser Kultur, in der ihre gastronomische Seite den Geschmack zu höchstem Ruhm führte. Diese Tradition fortsetzend behielten die Römer viele der von den Griechen übernommenen kulinarischen Reichtümer bei und hoben sie bei ihren Prunkgelagen regelrecht in den Himmel. Die nachfolgenden Byzantiner schafften die Übertreibungen ab, die dem Wesen der Griechen fremd waren und sind, und haben so mehr als tausend Jahre die griechische Küche erhalten. Die anschlieβend Byzanz einnehmenden Türken, die unter seinem Einfluβ als Volk zu Gröβe gelangten, hatten diese Kochweise bereits in sich.

Die heutige griechische Küche wird ungerechterweise oft für eine Mischung aus der türkischen und italienischen gehalten, da sie in der Tat an der Wurzel aller Geschmacksrichtungen des Mittelmeerraums zu finden ist. Viele der heutigen Rezepte blieben länger als 20 Jahrhunderte unverändert, behielten sogar dieselben Geschmacksnuancen, da bei den meisten dafür das berühmte griechische Olivenöl maβgebend ist, das sich von allen anderen Ölen des Mittelmeerraums unterscheidet.
Aristophanes beschreibt in seinen "Fröschen" das zu Ehren Herakles zubereitete Gastmahl so: "... Kaum hatte Persephone erfahren, daβ du da warst, knetete sie Teig, setzte drei Kessel Erbsbrei aufs Feuer und buk ein ganzes Rind über der Glut, sogar Kuchen und viele Süβigkeiten." Die Übertreibung in Aristophanes Worten offenbart natürlich genau das Gegenteil. Nur als theatralische Erfindung kann sie von Nutzen sein, da in Wirklichkeit der "magere Boden", wie viele alte Schriftsteller die griechische Erde bezeichnen, alles nur kärglich, jedoch ohne Einbuβe an Qualität und Vielfalt, abgibt. "Ουκ' εν τω πολλώ το ευ" ("Nicht in der Menge liegt das Gute") verallgemeinert Sokrates, Tischgast des in der Welt bekanntesten Symposiums, der uns die Auffassung der Griechen über das Essen verriet: Es sei die Befriedigung aller Sinne, eine Wollust für Leib und Seele.

Auch heute noch weiβ der moderne Grieche, daβ das, was ein gelungenes Festmahl ausmacht, vor allem die gute Gesellschaft ist. Die Gerichte werden den Wünschen der Gäste entsprechend zubereitet, d.h. mehr oder weniger pikant, leicht oder schwer, gebacken oder gebraten, und sind auf jeden Fall von einem auserlesenen Wein begleitet, dem man immer dic Rollc cincs "Kompagnon" überträgt. Die Unterhaltung bei Tisch dreht sich um das Essen, doch auf eine besondere Art, die den Austausch von Komplimenten und die Schaffung eines geeigneten appetitanregenden Klimas bezweckt. Ein phantastisch zubereitetes Lamm mit Kartoffeln hat nämlich keinen Wert, wenn das Lamm nicht aus einem ganz speziellen Dorf stammt (nicht etwa aus einem

bestimmten Dorf, sondern aus dem vom Hausherrn ausgesuchten), und sogar der Salat wird mit adjektivischen, bis ans Dichterische reichenden Definitionen, die über das Öl, die einheimische Tomate usw., usf. abgegeben werden, förmlich überschüttet. Es sollte also derjenige, der sich mit der griechischen Küche befassen möchte, ernsthaft berücksichtigen, daß in dieser Kochkunst außer den besonderen Zubereitungsarten und ortsüblichen Gerichten auch unbestimmbare Mengen an Ehrgefühl, Gastfreundschaft, Enthusiasmus und Großzügigkeit, zusammen mit einer gewaltigen Dosis persönlicher Ansicht, die überdies ein repräsentatives Charakteristikum ihrer Kreationen ist, enthalten sind.

Daß die Griechen Oliven, Brot und Wein als Lebenssymbole besonders schätzen, ist allgemein bekannt. Sie fehlen in keinem Haus und werden nie weggeworfen. Das läßt uns das Wichtigste an der griechischen Kochkunst erahnen, die sich um diese Erzeugnisse dreht.

Die Oliven, Früchte eines heiligen Baumes, bereitet man auf unterschiedlichste Art zu. In Öl oder sauer, aufgeschlagen oder auch mit Oregano gewürzt, gedörrt oder eingeschnitten sind sie eine Beilage zu fast allen Gerichten. Am bekanntesten sind die Oliven aus Kalamata, die man heute fast überall in Europa fertig abgepackt finden kann, ohne daß die übrigen Arten ihnen in irgendeiner Weise nachstehen.

Das Öl, wie wir oben anführten, zieht sich durch die ganze Geschichte der griechischen Kochkunst und ist durch seinen Geschmack Jahrhunderte hindurch mit ihr verbunden. Von Feinschmeckern wird darüber hinaus das griechische Öl als das beste der Welt befunden, indessen die Diätologen es als notwendige Ergänzung zu jeder Nahrung sehen und ihm sogar therapeutische Eigenschaften zuschreiben. Natürlich tauschen die Griechen ihr Öl gegen

KRETA, AGHIOS NIKOLAOS: HAFENTAVERNEN

nichts auf der Welt ein, und häufig streiten sie sich darüber, aus welchem Landstrich das beste Öl kommt.

Das Brot (aber auch der Zwieback, vorzugsweise der kretische) ist eine notwendige Beilage zu allen Gerichten. Manchmal bilden das Brot mit der traditionellen Feta und der Zwieback mit der Tomate sowie die Oliven ein wunderbares Zweitfrühstück oder geben bei einem Ausflug ins Grüne auch ein provisorisches Essen ab.

Der Wein, der die dritte Komponente zur Achse bildet, die von uns für die griechische Küche festgelegt wurde, ist seit tausenden von Jahren bekannt. In den Dichtungen von Homer wird er besungen, und seine Entstehung bringt man mit den Mythen um Dionysos in Verbindung. In Attika formieren sich vom Wein berauschte Satyrn zum ersten Tanzkreis und tragen später, angeregt durch die dionysische Leidenschaft, die erste Theaterprosa der Welt vor. Zu Recht also nimmt der Wein den ersten Platz beim griechischen Gastmahl ein und bildet den Grund, zum Essen einzuladen. Begegnen sich zwei Freunde, fällt der Satz: "Wir sollten uns treffen, um was zu trinken", der als Ersatz für die Einladung zum Essen gilt. Sie sagen "trinken" und meinen nicht "betrinken", sondern beim Wein frohgestimmt sein, weil er mehr noch als das Hauptgericht das ist, was das Herz erfreut, die Zunge löst und die Menschen einander näherbringt. Außerdem ernannten die alten Griechen bei ihren Gastmahlen immer einen Weinschenker (gewöhnlich war die Person leidenschaftlicher Weintrinker und hatte eine gute Kondition), der die Weinmengen und Wasserzugaben zu bestimmen hatte, damit die Tischgäste bei Stimmung blieben und eine lockere Unterhaltung stattfand.

Die modernen Griechen scheinen diese Tradition fortzuführen, indem sie den Wein ihrer Esseneinladung voranstellen, während sie auch nach dem Essen weintrinkend weiterplaudern.
Außer dem Retsina, einem Wein mit Harzzusatz, bevorzugt man Weißweine, vor allem die Marken "Athiri", "Roditi", "Savvatiano", "Moshofilero", die von Kephallonia und dem Epirus bis hin zu den Kykladen und Kreta am Ort ihres Anbaus erzeugt werden. Sie werden kühl serviert und zu Meeresfrüchten und delikaten Vorgerichten getrunken. Der Rotwein mit dem vollreifen mediterranen Geschmack muß aber - wie der aus feinen europäischen Traubensorten - auch nicht auf Anhänger verzichten. In den letzten Jahren, nachdem mehr und mehr kleinere Weinanbauer es wagen, ihre lokalen Erzeugnisse in Flaschen abzufüllen, findet auch der griechische Wein allmählich den Weg der Anerkennung.
Eine Tatsache, die französische Käsespezialisten überraschen wird, ist, daß Griechenland beim pro Kopf-Verbrauch an Käse den ersten Platz in ganz Europa einnimmt. So ist der seit Jahrhunderten bekannte Feta eine Zugabe zum traditionellen Dorfsalat, wird aber mit Öl, Oregano und Pfeffer auch zum pikanten Leckerbissen beim Ouzo oder ist allein oder zusammen mit anderen Zutaten in den berühmten griechischen Teigtaschen (Pites) enthalten. Der würzige "Kefalotyri" aus Schafsmilch, ein typisches Erzeugnis der Inseln, sowie die unterschiedlichen Gravierasorten, halb aus Kuh- und halb aus Schafsmilch, vervoll-

ΑΓ ΚΥΡΙΑΚΗ Ν.Υ. 922

ständigen ohne Unterschied, aber oft den Geschmack der von ihnen begleiteten Gerichte betonend, die Mahlzeiten.
Der berühmte, leicht säuerliche und cremige griechische Joghurt wird gern zum weltbekannten, das Essen begleitenden Tsatsiki verarbeitet oder bildet, mit Honig und Walnüssen vermischt, den Abschluβ einer reichhaltigen Mahlzeit und versetzt - einem griechischen Lied zufolge - die Gemüter in erotische Stimmungen. Es ist ja bekannt, daβ die Griechen mit ihrer erotischen Leidenschaftlichkeit als unhöflich charakterisiert werden und daβ sie sich nie deswegen schämten; im Gegenteil, zig erotische Rezepte, die den Geschlechtstrieb steigernde Zutaten zur Grundlage haben, nahmen sie in ihr Kochbuch auf.

Natürlich könnte man die Beschreibung der Erzeugnisse und deren Bedeutung für das griechische Gastmahl endlos fortsetzen. Aber auch eine Offenlegung aller seiner Geheimnisse wird im Grunde langweilig, weil ganz einfach Sie, die es bewundert, das Geheimnis eines griechischen Gerichtes sind, und alles versuchen werden, um die Wege der sich über Jahrhunderte verlierenden Köstlichkeiten neu zu entdecken.
Wir schlagen Ihnen nun vor, eine "Ouzoparty" mit verschiedenen delikaten Häppchen (Mezedes) zu veranstalten. Lassen Sie den persönlichen Teller einfach weg und teilen Sie mit Ihren Freunden die Leckerbissen! Ihre Mezedes sollten durch eine Vielfalt an Geschmack, aber nie durch groβe Mengen beeindrucken. Schenken Sie den Ouzo in die Gläser und halten Sie die Zeit an! Vermeiden Sie es um jeden Preis, sich satt zu essen, und lassen Sie den Ouzo allmählich auf sich einwirken! Ihr Körper sollte nicht zum Tisch gerichtet sein, weil der Zweck einer Ouzoparty das Spiel mit den Gaumenkitzlern und nicht die Sättigung ist. Ein wenig Spaβ, ein biβchen Spott, ein rascher Blick in die Runde geworfen und bitte nichts ernst nehmen ... Das ist die Overtüre zu einem über alle Grenzen reichenden griechischen Gastmahl.

Sollten Sie jemals in der herrlichen frischen Landluft oder auf den zauberhaften Inseln Griechenlands sein, so suchen Sie sich gutes Essen. Lassen Sie das Zentrum des Ortes hinter sich und durchwandern Sie die kleinen Gassen und die abgelegenen Wohngegenden. Dort werden Sie, wenn Sie Glück haben, in irgendeinem kleinen Hof unter der traditionellen Pergola Heiligtümer der Gaumenfreuden entdecken. Und wenn Koch oder Köchin während des Essens keinen Blick von Ihnen lassen, so sollte Sie das nicht stören ... Lächeln Sie zurück und drücken Sie damit Ihr Lob auf die von ihnen dargebotenen Kochkünste aus, denn man wartet darauf.

INSEL HYDRA: DER HAFEN (Seite 26-27)

SANTORINI (THIRA)

Der Grieche, sehen Sie, ist eine theatralische Figur, die stets um Zuhörer und Applaus bemüht ist.
Heute, wo die europäischen Kochkünste inmitten goldener Bestecke und stilvoller Küchenchefs glänzen, geht das gastronomische Vergnügen durch komplizierte Herstellungsverfahren und Äußerlichkeiten verloren. Jedoch bei der griechischen Küche finden Sie den Urgeschmack wieder, bei dem Sie, wenn Sie dem Gericht eine genußreiche Zubereitung zuteil werden lassen, sicher zur eingangs angeführten Sinneserregung kommen.

Zum Schluß haben wir Ihnen eine Beschreibung für das Braten von Fischen nach Art der Fischer aufgehoben, weil wir glauben, daß es nun das Beste ist, wenn Sie damit Ihre Erfahrungen in der griechischen Küche beginnen: Die fangfrischen Fische in siedendheißes, reines Olivenöl legen und dünsten. Warm und knusprig auf die Teller geben. Mit gekühltem, griechischen Weißwein genießen und ...

... zum Wohl!

SALATE

Zubereitungsgrad:
* einfach ** normal *** schwierig

INSEL FOLEGANDROS: HAUPTORT CHORA

Arkadien

CHORIATIKI SALATA *

Bauernsalat

- 1 kg schnittfeste Tomaten
- 1 mittelgroße Zwiebel
- 1 grüne Paprika ◆ 1 grüne Gurke
- 80 g schwarze Oliven
- 180 g Feta (Schafskäse)
- Oregano ◆ 80 g Olivenöl ◆ Essig, Salz

Die Tomaten und die Gurke in Scheiben schneiden und auf einem Teller arrangieren. Salzen und die Zwiebel- und Paprikaringe drauflegen. Etwas Oregano, den Käse, die Oliven und zum Schluß das Öl zugeben.

Für 6 Personen.

Mazedonien

KOLOKYTHAKIA VRASTA *

Gekochte Zucchini

- 1 kg kleine Zucchini
- Minze, fein gehackt
- ½ Tasse Olivenöl
- 3 EL Essig
- Salz

Die Zucchini in Salzwasser (eben bedeckt) kochen. Ist fast alles Wasser verdampft, Essig, Salz und die Minze zufügen. 3-4 Min. ziehen lassen, von der Feuerstelle nehmen.
Sobald sie kalt sind, mit Öl servieren.

Für 4 Personen. *Abb. S. 37*

Mazedonien

PIPERIES FLORINIS *

Rote Paprikasalat

- 1 ½ kg rote Paprikaschoten
- 2-5 Knoblauchzehen
- ½ Tasse feingewiegte Petersilie
- Olivenöl, Essig, Salz

Die Paprikaschoten waschen, auf ein Blech legen und im vorgeheizten Backofen bei 250° C backen. Wenn sie dunkel zu werden beginnen, umdrehen und herausnehmen, sobald sie weich sind. Abkühlen lassen, das Innengehäuse und die äußere Schale entfernen.
Wir legen die Paprika auf einen Teller, geben die geschälten Knoblauchzehen dazu und bestreuen alles mit Petersilie. Salzen und mit der Öl-Essig-Soße begießen.

Für 4 Personen. *Abb. S. 41*

Attika

GARIDOSALATA *

Krabbensalat

- 1 Salatkopf, fein geschnitten
- ½ kg mittelgroße Krabben
- 2 hart gekochte Eier, gewürfelt
- 1 (grüne) Paprika, geschnitten
- 3 EL Olivenöl
- 2 EL Essig
- Petersilie und Fenschel, feingewiegt
- Salz

Die Krabben in Salzwasser unter Zusatz von etwas Essig 10 Min. kochen. Das Fleisch herauslösen und zusammen mit dem Salat, den Eiern, der Petersilie und dem Fenschel auf einen Teller legen.
Das Öl mit dem Essig schlagen und über den Salat gießen.

Für 4 Personen. *Abb. S. 38*

Korfu

AMBELOFASSOULA SALATA *

Grüne Bohnen-Salat

- 1 kg zarte, grüne Bohnen
- 150 g Oliven ◆ 2 Tomaten, geschnitten
- ½ Tasse Olivenöl ◆ 3 EL Essig
- Salz, Pfeffer

Die jungen, schlanken Bohnen oben und unten abschneiden, waschen und mit etwas Salz in reichlich Wasser (im offenen Topf, damit die Farbe erhalten bleibt) 10 Min. kochen. Abtropfen und kalt werden lassen. Zusammen mit den geschnittenen Tomaten und den Oliven in eine Salatschüssel geben und mit Salz abschmecken. Das Öl mit dem Essig schlagen und über den Salat gießen.

Für 6 Personen.

Attika

MELITZANES SALATA *

Salat von Auberginen

- 2 Auberginen mittlerer Größe
- 1 Zwiebel, kleingeschnitten
- 2 Tomaten, kleingeschnitten
- 1 Paprikaschote, kleingeschnitten
- 1 grüne Gurke, in Würfel
- 2 EL Kapern ◆ ½ Tasse Olivenöl
- Salz, Oregano ◆ einige Oliven

Die Auberginen auf ein Blech legen, bei niedriger Hitze 40 Min. im Ofen backen. Kalt werden lassen, schälen und in Stücke schneiden. In die Salatschüssel tun und die übrigen Zutaten hinzufügen.

Für 4 Personen.

Salat von Auberginen (oben links)
Gekochte Zucchini (unten links)
Grüne Bohnen-Salat (rechts)

Attika

TARAMOSALATA *

Fischrogensalat

- ◆ 200 g Fischrogen
- ◆ 250 g altes Brot ◆ 200 g Olivenöl
- ◆ Saft von 2 Zitronen
- ◆ 1 mittelgroße Zwiebel, kleingeschnitten

Das Brot einweichen. In einem Mörser die Zwiebel reiben, den Fischrogen zugeben und die Masse gut verarbeiten. Das Brot ausdrücken, in ein die Feuchtigkeit aufsaugendes Handtuch legen. Unter ständigem Rühren das Brot nach und nach in den Mörser mit dem Fischrogen werfen, weiterrühren, bis die Masse cremig wird. Dann allmählich das Öl und den Zitronensaft zugeben, ohne das Rühren einzustellen. Solange weiterrühren, bis die Masse eindickt. Mit Oliven servieren.

Für 6 Personen.

Krabbensalat (oben)
Fischrogensalat (unten)

Smyrna (Izmir)

MELITZANOSALATA *

Auberginensalat

- ◆ 1 kg Auberginen
- ◆ 300 g Joghurt (entwässert)
- ◆ 2 Knoblauchzehen
- ◆ 1 Tasse Olivenöl
- ◆ 4 EL Essig
- ◆ 1 EL Zwiebackbrösel
- ◆ etwas Petersilie, feingewiegt
- ◆ Salz

Die Auberginen 40 Min. im Ofen backen, nach dem Abkühlen schälen und mit der Gabel zerdrücken. In einem Mörser die Knoblauchzehen mit etwas Salz zerstoßen. Den Joghurt, die Auberginen, den Essig und das Öl dazugeben und gut verrühren. Zum Schluß die Zwiebackbrösel zuschütten.
Alles in eine Saltschüssel geben und mit Petersilie garnieren.

Für 6 Personen.

Mazedonien

PATATOSALATA *

Kartoffelsalat

- ◆ 1 kg Kartoffeln
- ◆ 1 Zwiebel, mittelgroß
- ◆ Saft 1 Zitrone
- ◆ 1 Bund Petersilie, feingewiegt
- ◆ ½ Tasse Olivenöl
- ◆ Oliven
- ◆ Essig
- ◆ Salz, Pfeffer

In reichlich Salzwasser und Essigzusatz die

Auberginensalat (rechts) Kartoffelsalat (unten) Rote Beete mit Knoblauchcreme (oben links)

Kartoffeln 40 Min. kochen. Abpellen, in Würfel schneiden und in eine Salatschüssel tun. Die übrigen Zutaten dazugeben.
Das Öl zusammen mit dem Essig schlagen und drübergießen.

Für 6 Personen.

Samos

PATZARIA SKORDALIA **

Rote Beete mit Knoblauchcreme

- 1 kg Rote Beete mit Blättern
- Salz
- Essig
- Olivenöl

Zutaten für die Knoblauchcreme s. in Kapitel VORSPEISEN, S. 61
Die rote Beete schälen, gut waschen und nur die Knollen 25 Min. kochen, dann die Blätter zugeben, weitere 20 Min. im offenen Topf kochen. Abtropfen lassen, in Würfel schneiden und mit Essig besprühen. Salzen und mit etwas Öl begießen.

Für 6 Personen.

Mazedonien

SALATA ME GIAOURTI *

Salat mit Joghurt

◆ 500 g Joghurt (entwässert)
◆ 2 Tomaten ◆ 400 g Kartoffeln
◆ 1 Salatkopf (Marouli)
◆ 1 grüne Gurke, gewürfelt ◆ 1 Eidotter
◆ 2 hart gekochte Eier
◆ 1 TL scharfen Senf ◆ 3 EL Olivenöl
◆ Salz ◆ Zucker

Die Kartoffeln waschen, kochen und in Würfel schneiden. Den Salat, die in Scheiben geschnittenen Tomaten, die geviertelten Eier und die Gurke hinzufügen. In der Salatschüssel salzen und umrühren.
In einer zweiten Schüssel wird der Joghurt mit dem Eidotter, Senf, Öl, Zucker und Salz verarbeitet. Ist die Masse cremig, wird sie dem Salat zugegeben.

Für 6 Personen.

Kephalonia

LAHANOSALATA *

Weißkrautsalat

◆ 1 kleinen Weißkohlkopf ◆ 1 Zitrone
◆ 3 Knoblauchzehen ◆ 5 TL Olivenöl
◆ 1 Möhre ◆ Salz

Salat und Möhre waschen und kleinschneiden. In eine Salatschüssel geben. Die Knoblauchzehen mit etwas Salz in einem Mörser stampfen und den Zitronensaft zugeben. Mit dem Weißkraut vermengen, das Öl darübergießen und servieren.

Für 6 Personen.

Weißkrautsalat (oben) Salat mit Joghurt (rechts)
Rote Paprikasalat (links)

ΕΣΤΙΑΤΟΡΙΟΝ
ΠΑΤΣΑΣ ΑΓΝΟΣ
Σ.Δ. ΜΑΡΜΑΡΙΤΣΑΚΗ

SUPPEN

Zubereitungsgrad:

* einfach ** normal *** schwierig

KRETA, CHANIA: TAVERNE AM ZENTRALMARKT

Epirus

MAGIRITSA ***

Ostersuppe

- Innereien (Lunge, Herz, Leber, Nieren) eines mittelgroßen Lammes
- etwas Dünndarm vom Lamm
- 300 g Frühjahrszwiebeln, kleingeschnitten
- 1 Kopfsalatherz, fein geschnitten
- 1/2 Tasse Olivenöl
- 1 kl. Bund Petersilie, feingewiegt
- 1 kl. Bund Dill, feingewiegt
- 1 EL Mehl ◆ 1 Tasse Weißwein
- 6 EL Reis ◆ 3 Eidotter
- 3 Zitronen, ausgepreßt ◆ Salz, Pfeffer

Lungen, Herz, Leber, Nieren gut waschen und kurze Zeit in siedendes, danach in kaltes Wasser legen. Abtropfen lassen und in kleine Stücke schneiden. Den Darm spülen, wenden, mit Salz und Zitrone abreiben, gut abwaschen, in siedendem Wasser brühen und in kleine Stücke schneiden.

Das Öl in einen Schnellkochtopf tun, erhitzen und die Frühjahrszwiebeln mit dem Salat kurz darin dünsten. Mehl, Dill, Petersilie, den Wein, die Innereien, Därme, Salz, Pfeffer und 5 Gläser Wasser hinzufügen. Ungefahr 30 Min. bei mittlerer Hitze kochen lassen, den Reis zuschütten und weitere 20 Min. kochen. Den Topf vom Feuer nehmen. In einem tiefen Teller die Eidotter schlagen und tröpfenweise den Zitronensaft zugeben. Vorsichtig etwas Suppenbrühe beigeben und weiterschlagen.

Die Legierung in die Suppe gießen, leicht unterrühren und servieren.

Für 6 - 8 Personen.

Kykladen-Inseln

KAKAVIA ***

Fischsuppe

- 1 kg Kochfisch
- 1/2 kg diverse kleine Fische
- 1/2 kg Krabben
- 1 kleinen Hummer
- 2 Zwiebeln
- 2 Kartoffeln ◆ 4 Möhren
- 4 Zucchini
- 3 Tomaten
- 1 Tasse Olivenöl
- 1 Selleriestange mit kl. Blättern
- 1 Zitrone
- Salz, Pfeffer

Die Fische säubern und die Zitrone darüber ausdrücken. Alles Gemüse ins kochende Wasser tun und halb garkochen, alle Fische dazugeben, salzen und 15 Min. bei Mittelstellung kochen lassen. Den großen Fisch und die Krabben herausnehmen, sowie zum Garnieren einige Möhren, Zucchini und den Sellerie.

Den Rest so lange kochen lassen, bis alles zerfällt und vom Feuer nehmen. Mit leichtem Druck durch ein Sieb streichen, bis alles herausgepreßt ist. Den Hummer aufbrechen, das Fleisch herausnehmen, in kleine Stücke schneiden und mit dem Öl in den Brei mischen.

Den großen Fisch mit dem Gemüse auf einer Platte anrichten, Salz und Pfeffer drüberstreuen.

Die Suppe getrennt mit geröstetem Weißbrot servieren.

Für 6 - 8 Personen.

"MAGIRITSA" IM DORF PAPINGO, EPIRUS

Ei-Zitronen-Suppe (rechts) Zwiebelsuppe mit Käse (links)

Attika

AVGOLEMONO SUPA *

Ei-Zitronen-Suppe

- ◆ 8 Tassen heiße Hühnerbrühe
- ◆ ½ Tasse Reis
- ◆ 2 Eier
- ◆ 2 Eidotter
- ◆ ½ Tasse Zitronensaft
- ◆ Salz, Pfeffer

Die Hühnerbrühe aufkochen, den Reis zufügen, 20 Min. kochen lassen, salzen. Die beiden Eier mit den Dottern in einem tiefen Teller schlagen, vorsichtig den Zitronensaft zugeben. Auch etwas von der heißen Hühnerbrühe unter weiterem Schlagen hinzufügen. In den Suppentopf gießen, verrühren und servieren.

Für 4 - 6 Personen.

Kreta

KREMMYDOSUPA ME TYRI **

Zwiebelsuppe mit Käse

- 4 mittelgroße Zwiebeln, in Scheiben
- 2 EL Mehl ◆ 100 g Butter
- 1 Glas Fleischbrühe
- 1/2 l heiße Milch ◆ 1/2 l heißes Wasser
- 1/2 Tasse geriebenen Käse
- 10 dünne, geröstete Toastscheiben
- Salz, Pfeffer

In einem Topf die Butter erhitzen und darin die Zwiebeln glasig dünsten. Mit einem Holzlöffel umrühren und das Mehl zugeben, bis zu einer goldbraunen Tönung weiterrühren. Die Fleischbrühe hineingießen, mit Salz und Pfeffer abschmecken und bei mittlerer Hitze 5 Min. kochen lassen.
Milch und Wasser vermengen und langsam unter Rühren in den Suppentopf gießen. 10 Min. auf mittlerer Hitze weiterkochen. Die Toastscheiben auf 4 Teller verteilen, den Käse drüberstreuen und mit der heißen Suppe begießen.
* Anstatt Teller kann man feuerfeste Formen benutzen und im Backofen überbacken, bis der Käse geschmolzen ist.

Für 4 Personen.

Mazedonien

KREATOSUPA **

Fleischsuppe

- 1 kg Rindfleisch mit Knochen
- 3 Möhren, in Scheiben geschnitten
- 2 Selleriestangen, grob geschnitten
- 2 Zwiebeln
- 2 Zucchini
- 3 Kartoffeln
- 2 Lorbeerblätter
- 3 EL Olivenöl
- 3 Tomaten, gehäutet
- 1 scharfe Paprika ◆ Salz, Pfeffer

Das Fleisch in etwas heißem Wasser brühen und in kleine Würfel schneiden.
Alles Gemüse einige Min. im Öl dünsten lassen, die Fleischbrühe zugießen, die Lorbeerblätter, die Paprika sowie Salz und Pfeffer zugeben. Etwa 1 Std. kochen lassen.
Kurz bevor der Topf vom Herd genommen wird, in Butter geröstete Weißbrotstückchen hineingeben.

Für 4 - 6 Personen.

Epirus - Festland

TRAHANAS SUPA *

Graupensuppe, pikant

- 1 Tasse Trahana (Graupenart)
- 1/2 l Frischmilch, erhitzt
- 40 g Butter
- 150 g Schafskäse
- 1 1/2 l Wasser
- Paprikagewürz

Das Wasser zum Kochen bringen, Salz und Graupen hineinschütten und 5 Min. unter ständigem Rühren kochen lassen. Dann die Milch zugießen und etwa 20 Min. langsam weiterkochen.
In einer kleinen Pfanne die Butter auslassen und den in Würfel zerteilten Käse hineingeben. Paprika nach Belieben dazutun. Die Suppe übergießen. Stets heiß servieren.

Für 4 - 6 Personen.

Kreta

FASSOLADA *

Bohnensuppe

- ½ kg weiße Bohnen
- 200 g Olivenöl
- 500 g frische Tomaten, enthäutet
- 2 große Zwiebeln, grob geschnitten
- 3 Möhren, in Scheiben geschnitten
- 2 Sellerieknollen, grob geschnitten
- 1 Knoblauchzehe
- Salz, Pfeffer
- 1 scharfe Paprika (nach Belieben)

Die Bohnen am Vorabend (12 Std.) einweichen. Quellwasser abgießen. Die Bohnen waschen und 10 Min. in reichlich Wasser kochen. Das Wasser abgießen, die Bohnen abtropfen lassen und ca. 2 l frisches Wasser, die Bohnen und alle Zutaten außer Öl in den Topf geben. 1 1\2 bis 2 Std. bei mittlerer Hitze kochen. Zum Schluß das Öl unterziehen. Warm mit etwas Zitronensaft servieren.

Für 6 - 8 Personen.

Mazedonien

FAKES SUPA *

Linsensuppe

- ½ kg Linsen
- 3 Knoblauchzehen, fein gehackt
- 2 reife Tomaten, kleingeschnitten
- 1 TL Paprika
- 2 Zwiebeln, fein geschnitten
- 1 Möhre, in Scheiben
- Salz
- Essig
- ½ Tasse Olivenöl
- 2 Lorbeerblätter

Die Linsen verlesen, waschen und in reichlich Wasser 15 Min. kochen. Das Wasser über einem Sieb abgießen. In 1,5 l frischem Wasser, wo alle Zutaten außer Öl, Essig und Salz zugegeben werden, bei mittlerer Hitze 1 Std. kochen. Kurz bevor wir die Linsen vom Feuer nehmen, fügen wir Öl und Salz hinzu. Warm mit etwas Essig servieren.

Für 6 - 8 Personen.

Epirus

REWITHIA SUPA *

Kichererbsen-Suppe

- ½ kg Kichererbsen
- 1 Tasse Olivenöl
- 1 TL Hausnatron
- 1 Zitrone (Saft)
- 1 EL Mehl
- 1 Zwiebel
- Salz

Die Kichererbsen 12 Std. in Salzwasser einweichen. Abtropfen lassen, das Natron untermengen, einige Min. umrühren, anschließend gut waschen. Zusammen mit der ganzen Zwiebel und dem Olivenöl 2 Std. bei mittlerer Hitze kochen. 10 Min. vor dem Garwerden vom Herd nehmen, Zitronensaft und Mehl dazugeben und gut verrühren. Heiß servieren.

Für 6 -8 Personen.

Bohnensuppe (unten links)
Linsensuppe (oben links)
Kichererbsen-Suppe (rechts)

VORSPEISEN-LECKERBISSEN

Zubereitungsgrad:
* einfach ** normal *** schwierig

INSEL LESBOS: OUZOBAR IN MYTHIMNA

Mazedonien

AVGA ME DOMATA KE FETA *

Eier mit Tomaten und Feta

◆ ½ kg Tomaten ◆ 4 Eier
◆ 200 g Feta
◆ Salz, Pfeffer
◆ 1 Pfefferschote ◆ 100 g Olivenöl

Die Tomaten enthäuten, auf der Reibe schaben und in das in der Pfanne erhitzte Öl geben, dünsten, bis ihr Saft verbraucht ist.
Nun die Eier schlagen, den zerbröckelten Feta, die kleingeschnittene Pfefferschote, Salz und Pfeffer zugeben und unter die Tomatenmasse ziehen. Die Kochstufe herunterstellen und bis zum Eindicken brodeln lassen.

Für 4 Personen.

Kreta

AVGA ME MELITZANES TIGANITES **

Gebratene Auberginen mit Eiern

◆ 3 Auberginen
◆ 6 Eier
◆ 1 Tasse Öl
◆ Paprikagewürz
◆ Salz, Pfeffer

Die Auberginen in 2 cm dicke Scheiben schneiden, salzen und 1 Std. stehen lassen. Dann abspülen und -trocknen.
Öl in der Pfanne erhitzen und die Auberginen darin braten. Nach dem Wenden auf jede Auberginenscheibe ein Ei schlagen, salzen, pfeffern und so lange braten, bis das Dotter fest wird.

Für 6 Personen.

Chios

OMELETTA ME KOLOKYTHAKIA *

Zucchiniomelett

◆ 1 kg kleine Zucchini
◆ 6 Eier
◆ 1 Tasse grob gebröckelten Feta
◆ Salz, Pfeffer
◆ Öl zum Braten

Die Zucchini waschen und in Salzwasser legen. Abtrocknen und in dicke Scheiben schneiden, den Käse drübergeben und vermengen. Die Eier in einem tiefen Teller schlagen, inzwischen das Öl erhitzen, die Eimasse hineingeben, die Wärmestufe niedriger stellen und die Zucchini auf die Eimasse tun. Das Omelett umdrehen. Die Schaltung noch weiter zurückdrehen und durchbacken lassen.

Für 4 Personen.

Thessalien

MANOURI TIGANITO *

Weißkäse gebraten

◆ 500 g Manouri
◆ 1 Ei
◆ 1 Tasse Mehl
◆ 300 g Öl zum Braten

Den Manouri in Dreiecke schneiden, zuerst im Mehl, dann im geschlagenen Ei wenden und in siedendem Öl braten.
Warm servieren.

Für 4 Personen.

Eier mit Tomaten und Feta (Mitte rechts)
Gebratene Auberginen mit Eiern (unten rechts)
Zucchiniomelett (oben)
Weißkäse gebraten (unten links)

Mazedonien

KOLOKYTHOKEFTEDES **

Zucchiniklopse

- ◆ 1 kg Zucchini ◆ 4 Eier
- ◆ 250 g Hartkäse, gerieben
- ◆ Öl zum Braten ◆ 1 Bund Petersilie
- ◆ Salz, Pfeffer ◆ 1 Tasse Mehl

Die Zucchini schälen, waschen, reiben und den Saft ausdrücken.
Den Zucchinibrei in eine Schüssel geben, die feingewiegte Petersilie, den Käse, die geschlagenen Eier, Salz, Pfeffer dazutun und alles gut vermischen. Das Mehl nach und nach einstreuen, bis der Teig fest wird.
Das Öl in einer Pfanne erhitzen, den Teig zu Klopsen formen und von allen Seiten darin goldbraun braten. Abtropfen lassen und heiß servieren.

Für 6 Personen.

Peloponnes

TYROKEFTEDES **

Käseklopse

- ◆ 2 Tassen Hartkäse, in kleine Stücke geschnitten
- ◆ 4 Eier
- ◆ ½ Tasse Backmehl
- ◆ 1 Bund Petersilie
- ◆ Salz, Pfeffer
- ◆ Öl zum Braten

Die Eier schaumig schlagen, das Mehl und die feingewiegte Petersilie, den Käse, Salz und Pfeffer zugeben. Alles gut mischen. Das Öl in der Pfanne erhitzen. Mit einem Löffel etwas von der Teigmasse abstechen und in Form von Klöpschen nicht zu scharf ausbraten. Abtropfen lassen und heiß servieren.

Für 6 Personen.

Volos

TARAMOKEFTEDES **

Fischrogenklopse

- ◆ 150 g Fischrogen
- ◆ 250 g eingeweichte Brotrinde
- ◆ 4 EL Mehl
- ◆ ½ Tasse feingewiegte Petersilie
- ◆ 1 EL feingewiegten Dill
- ◆ 3 EL kleingeschnittene Zwiebel
- ◆ etwas Minze ◆ Pfeffer ◆ Öl zum Braten

Den Fischrogen abspülen. Die Zwiebeln in etwas erhitztem Öl kurz dünsten und vom Feuer nehmen.
Den Fischrogen mit der fest ausgedrückten Brotrinde, der Petersilie und dem Dill, den Zwiebeln, der Minze, Pfeffer und Mehl zu einem festen Teig verarbeiten.
Kleine Klopse formen und in siedendem Öl ausbraten. Gut abtropfen lassen und servieren.

Für 6 Personen.

Epirus - Festland

PATATOKEFTEDES **

Kartoffelklößchen mit Feta

- ◆ 1 kg Kartoffeln ◆ 3 Eier
- ◆ 1 EL frische Butter ◆ 200 g Feta
- ◆ 1 Bund Petersilie ◆ Salz, Pfeffer
- ◆ Mehl und Öl zum Braten

Die Kartoffeln garkochen, abpellen und zu Püree verarbeiten. Die feingewiegte Petersilie, die geschlagenen Eier, Salz, Pfeffer,

Zucchiniklopse (unten links)   Fischrogenklopse (unten links)   Käseklopse (oben rechts)   Kartoffelklößchen mit Feta (oben links)

die Butter und den geriebenen oder fein zerbröckelten Käse zugeben. Alles gut zu einer Masse verarbeiten. Von Hand kleine Klopse formen, in Mehl wälzen und in siedendem Öl von allen Seiten goldbraun braten. Abtropfen lassen und heiß servieren.

Für 8 Personen.

Kreta

BOXADES **

Lamm + Feta in Blätterteig

◆ 1 kg Lammkeule ◆ ½ kg Feta
◆ 12 fertige Teigblätter ◆ 100 g Butter
◆ Oregano
◆ Salz, Pfeffer ◆ 1 Tasse Olivenöl

Das Fleisch in kleine Würfel schneiden, mit dem Öl, Oregano, Salz und Pfeffer in ein Gefäß geben und 1 Std. stehen lassen. Die Teigblätter in 15x20 cm Stücke und den Käse in dünne Scheiben schneiden. Ein Teigblatt mit zerlassener Butter bestreichen, 1 EL zerbröckelten Käse und 2-3 Stückchen mit Oregano gewürztes Fleisch drauflegen und einschlagen. So fortfahren, bis ein mit Öl eingefettetes Blech voll ist. Auf jede Teigtasche ein Stückchen Butter legen. Im auf 250°C vorgeheizten Ofen etwa 1 Std. oben und unten goldbraun backen.

Für 6 Personen.

Kykladen-Inseln

CHTAPODI XYDATO *

Oktopode in Essig

- ◆ 1 Oktopode, ca. 1 kg
- ◆ Oregano ◆ 1 ½ Tasse Olivenöl
- ◆ ½ Tasse Essig

Den Oktopoden im Topf mit ½ Tasse Essig und 1 Glas Wasser auf kleiner Flamme gar kochen. Vom Feuer nehmen und in kleine Stücke schneiden.
Wird mit Öl und Oregano serviert.

Für 4 Personen.

Epirus - Festland

KASOPITTA **

Käseteig gebacken

- ◆ 500 g Backmehl
- ◆ 500 g Milch ◆ 3 Eier
- ◆ 500 g Feta, zerbröckelt
- ◆ 1 Tasse Olivenöl ◆ Salz

Das Mehl sieben, Salz zufügen und die lauwarme Milch allmählich unter Rühren zugießen. Getrennt die Eier schlagen und zusammen mit dem Käse (etwas zurückbehalten) in den Teig geben. Die Hälfte des Öls zugießen und kneten, bis der Teig fertig (weder zu weich noch zu fest) ist. Ein Blech mit Öl einfetten und den Ofen ½ Std. auf 300°C vorheizen. Die Teigmasse aufs Blech geben, den restlichen Käse drüberstreuen und mit Öl besprenkeln. Nach 10 Min. Backzeit die Temperatur auf 200°C zurückdrehen und weitere 35-40 Min. goldbraun backen.

Für 8 Personen.

Kykladen-Inseln

SOUPIES KRASSATES **

Kuttelfisch in Wein

- ◆ ½ kg Kuttelfisch ◆ 2 kleine Zwiebeln
- ◆ 1 Wasserglas Weißwein ◆ Pfefferkörner
- ◆ ½ Tasse Olivenöl ◆ Salz

Den Kuttelfisch gut säubern, waschen und salzen, 1 Beutel Tinte zurückbehalten. Das Öl mit den kleingeschnittenen Zwiebeln im Topf erhitzen. Den Kuttelfisch zugeben und ca. 20 Min. auf mittlerer Flamme kochen. Mit Weißwein ablöschen, die Tinte, etwas Salz und die Pfefferkörner mit in den Topf tun. Schmoren lassen, bis der Fisch weich ist.

Für 4 Personen.

Kavala

MYDIA TIGANITA *

Gebratene Muscheln

- ◆ 500 g Muschelfleisch ◆ 1 Glas Bier
- ◆ Mehl zum Braten
- ◆ Salz, Pfeffer ◆ Olivenöl

Das Muschelfleisch gut waschen, in Mehl wälzen, salzen, pfeffern und das Öl in der Pfanne erhitzen.
Die Muscheln einzeln in Bier tauchen, in das siedende Fett werfen und von allen Seiten braten.
Sofort nach dem Herausnehmen servieren.

Für 6 Personen.

Oktopode in Essig (rechts) Kuttelfisch in Wein (links)
Gebratene Muscheln (unten)
Käseteig gebacken (oben)

Epirus - Festland

SPANAKOPITTA ***

Blätterteig mit Spinatfüllung

- ◆ 1 kg Spinat ◆ 500 g Porree
- ◆ 300 g Feta ◆ 1 Zwiebel
- ◆ etwas Dill
- ◆ etwas Minze ◆ 2 Eier
- ◆ 1 Tasse Olivenöl

Für den Blätterteig:

- ◆ ½ kg Mehl
- ◆ 1 Tasse Wasser ◆ 1 Tasse Öl
- ◆ Salz, Pfeffer

Den Spinat putzen, mehrmals waschen und blanchieren. Gut abtropfen lassen. Das Öl im Topf erhitzen, die Zwiebel und den Porree kleinschneiden und im siedenden Öl dünsten.
Den Topf vom Feuer nehmen, Spinat, Dill und Minze, den zerbröckelten Feta, Salz, Pfeffer, die geschlagenen Eier zugeben und alles gut verrühren.
Jetzt Mehl, Wasser, Salz und Öl in eine Schüssel geben und zu Teig verarbeiten, in 10 Häufchen aufteilen. Eine Stunde ruhen lassen. Nun 10 dicke Teigblätter ausrollen. Ein Blech mit Öl einfetten und mit 5, ebenfalls mit Öl bestrichenen Teigblättern auslegen. Darauf verteilen wir die Füllmasse und decken sie mit 5 mit Öl bestrichenen Teigblättern ab. Wir unterteilen den Blechinhalt in Portionen und backen ihn etwa 1 Std. im vorgeheizten Ofen bei 250°C.

Für 8-10 Personen.

Blätterteig mit Spinatfüllung (links)
Blätterteig mit Zucchini-Füllung (rechts)
Blätterteig mit Käsefüllung (unten)
Käsepastetchen mit Sesam (oben)

Roumeli

KOLOKYTHOPITTA ***

Blätterteig mit Zucchini-Füllung

- ◆ 2 kg grüne Zucchini ◆ 2 Zwiebeln
- ◆ 1 Tasse Olivenöl
- ◆ 1 EL Butter ◆ Salz, Pfeffer
- ◆ ½ kg Feta ◆ 5 Eier
- ◆ Dill
- ◆ ½ Glas Milch

Für den Blätterteig:

- ◆ 1 kg Mehl ◆ 300 g Joghurt
- ◆ 2 Eier
- ◆ 1 Tasse Olivenöl

Die Zucchini waschen und auf der Reibe schaben. In einem Topf die Zwiebeln in siedendem Öl und in der Butter dünsten. Nachdem die Zucchini gut ausgepreßt wurden, mit Salz und Pfeffer in den Topf geben. Sind sie trocken geworden, vom Feuer nehmen. Den Dill, den zerbröckelten Feta und die geschlagenen Eier zugeben und gut verrühren.
Für den Teig geben wir den Joghurt und das Öl in eine Schüssel und fügen unter Schlagen nacheinander die beiden Eier hinzu. Wir schütten Mehl, und falls erforderlich, etwas Wasser zu. Ist der Teig fertig, wird er in 10 Häufchen aufgeteilt und soll 1 Std. ruhen, damit er aufgeht. Darauf rollen wir 10 Teigblätter aus.
Wir fetten ein Blech mit Öl ein, legen 5 mit Öl bestrichene Teigblätter darauf, verteilen die Füllmasse gleichmäßig und dekken mit 5 weiteren, mit Öl bestrichenen Teigblättern ab. Ungefähr 1 Std. im auf 250°C vorgeheizten Ofen backen.

Für 8-10 Personen.

Thessalien

TYROPITTA ***

Blätterteig mit Käsefüllung

- ½ l Milch ◆ 12 Eier
- ½ kg Feta
- 300 g Hartkäse, gerieben
- 1 Tasse Olivenöl ◆ 1 Bund Dill
- Salz, Pfeffer
- 10 fertige Teigblätter
- 100 g Joghurt ◆ 1 Tasse Mehl

Den Käse in kleine Würfel schneiden und in etwas siedendem Öl anbraten. Den Dill, die Milch, die Eier, den Joghurt und das Mehl zu einer Masse verrühren, dem Käse beigeben und gut umrühren.
Ein Blech mit Öl einfetten und mit einem Teigblatt auslegen. Mit Öl besprenkeln und die Füllmasse auf der Fläche verteilen. Ein neues Teigblatt drüberlegen und auf dieselbe Weise bearbeiten. So fortfahren, bis die Füllmasse aufgebraucht ist. Das letzte Teilblatt mit Öl bestreichen und bei 200°C im vorgeheizten Ofen 45 Min. backen.

Für 8-10 Personen. *Abb. S. 59*

Epirus - Festland

KREATOPITTA ***

Fleisch in Blätterteig

- ½ kg Lammfleisch
- 3/4 kg Mehl
- 100 g Olivenöl
- 100 g Butter
- Salz, Pfeffer ◆ 1 Ei
- 100 g Joghurt

Das Fleisch mit dem Öl, Salz und Pfeffer in einem Topf kurz anbraten. Wasser zufügen und ca. 1 ½ Std. auf mittlerer Flamme garkochen. In kleine Stücke schneiden.
Das gesiebte Mehl, das Ei, den Joghurt und etwas Wasser in einer Schüssel zu Teig kneten. 1 Std. gehen lassen.
Den Teig in 10 Häufchen aufteilen und 10 dicke Blätter ausrollen, 8 davon einzeln gelegt und nicht zu scharf im Ofen backen. Auf ein mit Öl eingefettetes Blech legen wir ein ungebackenes Teigblatt und lassen die Seiten überhängen. Die Fleischstückchen mit etwas Brühe und den Bröseln der 8 gebackenen, zerkrümelten Teigblätter auflegen. Die warme, zerlassene Butter drübergießen und alles mit dem ungebackenen Teigblatt abdecken. Im vorgeheizten Ofen bei mittlerer Hitze 30 Min. backen.

Für 6 Personen.

Kykladen-Inseln

FAWA ME KREMMIDI **

Erbsbrei mit Zwiebelringen

- ½ kg Fawa (Platterbsen)
- 2 Zwiebeln
- 200 g Olivenöl
- Salz, Pfeffer

Die getrockneten Platterbsen in ein feuerfestes Tongefäß geben, mit Wasser bedecken und im Ofen bei mittlerer Hitze backen, bis ein dicker Brei entstanden ist. Die in Scheiben geschnittenen Zwiebeln in Öl goldgelb dünsten, in den Brei geben und gut umrühren. 10 Min. zusammen kochen lassen. Mit rohen Zwiebeln, Olivenöl und Zitronensaft servieren.

Für 4 Personen.

Samos

TSATSIKI *

Tsatsiki

◆ ½ kg entwässerten Cremejoghurt
◆ 4 Knoblauchzehen ◆ 1 grüne Gurke
◆ 1 EL Essig ◆ Salz ◆ 50 g frische Butter

Die Gurke reiben und den Saft gut ausdrücken. Die Knoblauchzehen im Mörser zerreiben und die Butter auslassen.
Joghurt, Knoblauch, Gurke, Essig und Salz in eine Schüssel geben und gut verrühren. Die zerlassene Butter zugeben und solange rühren, bis alles zu einer Masse wird.
Den Tsatsiki auf einen Teller geben und 1 Std. im Kühlschrank fest werden lassen.

Für 6-8 Personen.

Zakynthos

SKORDALIA (ALIADA) **

Knoblauchcreme

◆ 1 kg Kartoffeln ◆ 2 Knoblauchknollen
◆ 3 Zitronen ◆ 1 TL Salz
◆ 1 Tasse Olivenöl

Den geschälten Knoblauch im Mörser zerreiben. Die Kartoffeln garkochen, abpellen und ebenfalls im Mörser zerstampfen. Den zerriebenen Knoblauch, ½ Glas Wasser, Salz hinzufügen und unter ständigem Rühren das Olivenöl und tropfenweise den Zitronensaft zugeben. Ist alles gut miteinander verbunden, ist die Creme fertig.

Für 8 Personen.

Euböa

PIATO THALASSINON **

Meeresfrüchte-Teller

◆ 1 Hummer von ca. 1 kg
◆ 500 g Krebse ◆ 300 g Muscheln
◆ 300 g Austern ◆ 2 Möhren
◆ 1 Zwiebel ◆ 1 Tasse Weißwein
◆ 1 Lorbeerblatt

Den Hummer zusammen mit dem Gemüse und dem Wein 25 Min. auf kleiner Flamme kochen lassen.
Dasselbe machen wir getrennt für nur 5 Min. mit den Krebsen, den Muscheln und den Austern. Abkühlen lassen, ohne in kaltes Wasser zu tauchen. Den Hummer in Scheiben schneiden und die übrigen Meeresfrüchte herumdrapieren. Mit Zitronenöl servieren.

Für 6-8 Personen.

Attika

GARIDES LADOLEMONO *

Krabben in Zitronenöl

◆ 1 kg Krabben ◆ 4 EL Weißwein
◆ 1 Möhre ◆ 1 Zwiebel
◆ 1 Lorbeerblatt ◆ Salz, Pfeffer
◆ 2 Zitronen ◆ 100 g Olivenöl

Die Krabben waschen. Wasser mit der Möhre, der Zwiebel, dem Lorbeerblatt, Salz, Pfeffer und Wein 10 Min. kochen lassen, dann die Krabben hineintun und weitere 6 Min. kochen. Die Krabben herausnehmen, bis auf den Kopf von der Schale lösen, mit Zitronenöl begießen und servieren.

Für 6 Personen.

Kreta

TYROPITTAKIA ME SOUSAMI **

Käsepastetchen mit Sesam

◆ 200 g Feta ◆ 2 Eier
◆ 1 Tasse Hartkäse, gerieben
◆ 10 fertige Teigblätter
◆ 1 Tasse Sesamkörner
◆ 1 ½ Tassen zerlassene Butter
◆ Petersilie, Minze, Pfeffer

Meeresfrüchte-Teller (rechts) Krabben in Zitronenöl (links)

Den Feta mit einer Gabel pürieren, den Hartkäse, die Petersilie, die Minze, die Eier und etwas Pfeffer zugeben und zur Füllmasse verrühren.

Den Blätterteig in Streifen von etwa 5x30 cm schneiden. Jeden Streifen mit etwas Butter bepinseln. Mit einem Teelöffel etwas von der Füllung auftragen, das Streifenende darüber legen, so daß ein Dreieck entsteht. So fortfahren, bis die Füllmasse aufgebraucht ist.

Die Dreiecke mit etwas Wasser besprengen und die Sesamkörner aufstreuen. Auf ein mit Butter gefettetes Blech legen und bei mittlerer Hitze 15 Min. im Ofen backen. Warm servieren.

Für 4-6 Personen. *Abb. S. 59*

FISCHE - SCHALENTIERE - MOLLUSKEN

Zubereitungsgrad:
* einfach   ** normal   *** schwierig

PELOPONNES, GYTHIO: FISCHER

Mazedonien

GARIDES SAGANAKI *

Krabben im Ofen

- 6 große Krabben
- 3 kleine Tomaten, enthäutet
- ½ scharfe Paprikaschote
- 2 EL Olivenöl ◆ 50 g Feta (Schafskäse)
- Salz, etwas Zucker

Die Krabben gut waschen und mit allen Zutaten außer dem Käse in eine feuerfeste Form legen. Bei 200° C im Ofen backen. Den Käse (Feta) 5 Min. vor dem Herausnehmen drüberstreuen.

Für 1 Person

Mazedonien

MYDIA PILAFI **

Muscheln mit Reis

- 1 kg frische Muscheln ◆ 2 Tassen Reis
- 1 Zwiebel, kleingeschnitten
- 1 Tasse Olivenöl ◆ 3 Tomaten
- 1 Glas Weißwein ◆ Salz, Pfeffer

Die Muscheln vom Flaum säubern, mehrere Male waschen und im Topf mit dem Öl und der Zwiebel scharf dünsten, bis die Zwiebel goldbraun wird und sich die Muscheln öffnen. Den Wein drübergießen und die kleingeschnittenen Tomaten ohne Mark, das Salz, den Pfeffer zugeben und mit so viel warmem Wasser auffüllen, bis alles gut bedeckt ist. Auf niedriger Stufe 15 Min. kochen.
Das Wasser wird ca. 4 Tassen entsprechen (falls nicht, etwas zugießen) und sobald es kocht, den Reis hineinschütten. Kochen lassen, bis das Wasser eingekocht und der Reis gar ist.
Die Muscheln mit oder ohne Schale servieren.

Für 6 Personen.

Attika

XIFIAS SOUVLAKI *

Schwertfischspieße

- 1 kg Schwertfisch ◆ 4 feste Tomaten
- 2 Zwiebeln ◆ 4 grüne Paprikaschoten
- 1 Tasse Olivenöl ◆ 2 Zitronen
- Oregano, Salz

Den Fisch, die Tomaten, Paprikaschoten und Zwiebeln in gleich große Würfel schneiden. In bunter Reihenfolge auf die Spieße stecken.
Langsam auf dem Grill braten, mit Salz und Oregano bestreuen.
Beim Servieren wird in einem getrennten Gefäß das mit dem Zitronensaft geschlagene Öl dazugestellt.

Für 4 - 6 Personen.

Samos

MARIDAKI TIGANITO ME KREMMYDIA *

Sprotten mit Zwiebeln

- ½ kg Sprotten
- 2 Zwiebeln, in Scheiben
- grobes Salz ◆ Mehl ◆ Bratöl

Die Sprotten gut waschen, abtropfen lassen, salzen. Mit den Zwiebeln und dem Mehl vermengen.
In siedendem Öl ausbraten. Abtropfen lassen und warm servieren.

Für 6 Personen. *Abb. S. 57*

Krabben im Ofen (rechts)
Muscheln mit Reis (links)

Octopode mit Zwiebeln (links) Kuttelfisch Mit Spinat (rechts)

Kykladen

CHTAPODI STIFADO ***

Oktopode mit Zwiebeln

- ◆ ca. 1 kg Oktopode
- ◆ 10 schwarze Pfefferkörner
- ◆ 4 Knoblauchzehen ◆ 2 Lorbeerblätter
- ◆ 1 Stck. Zimtrinde
- ◆ 1 Tasse heißes Wasser
- ◆ ½ Tasse Olivenöl ◆ ½ Tasse Essig
- ◆ ½ kg kleine, ganze Zwiebeln, geschält
- ◆ Salz ◆ ½ kg Tomaten, kleingeschnitten

Den Oktopoden in reichlich Salzwasser auf Mittelstellung 30 Min. kochen. Abtropfen lassen und in Stücke schneiden. Das Öl und den fein gehackten Knoblauch in einem Topf erhitzen und den Oktopoden zugeben. Gut umrühren und 10 Min. dünsten. Dann den Essig, die Tomaten, den Pfeffer mit dem Lorbeer, den Zimt und das warme Wasser zufügen.
Die Kochplatte auf klein stellen und bei mäßiger Hitze 40 Min. kochen. Die Zwiebeln hineintun und ungefähr eine weitere Stunde kochen lassen.

Für 6 Personen.

Kykladen

SOUPIES ME SPANAKI ***

Kuttelfisch mit Spinat

- ◆ 1 kg Kuttelfisch ◆ 1 ½ kg Spinat
- ◆ 1 Tasse Olivenöl
- ◆ 5 frische Zwiebeln ◆ ½ Tasse Weißwein
- ◆ 1 Bund Dill und Fenschel ◆ Salz, Pfeffer

◆ etwas Minze, frisch oder getrocknet

Den Kuttelfisch von der Tinte und der Gräte befreien, die Tinte aufheben.
Das Öl in einem Topf erhitzen und die Zwiebeln mit dem Dill, dem Fenschel und der Minze leicht andünsten. Den in Scheiben geschnittenen Kuttelfisch zusammen mit dem Pfeffer zugeben, leicht anbraten und etwas Tinte und Wasser hineintun. Alles ungefähr 1 Std. schmoren lassen und dann den kleingeschnittenen Spinat, etwa ½ Tasse Wasser mit Tinte dazutun und weitere 40 Min. köcheln. Gegen Ende der Kochzeit den Wein zuschütten und mit Salz abschmecken.

Für 6 Personen.

Samos

SFYRIDA FOURNOU ME KRASI **

Seebarsch gebacken mit Weißwein

◆ 1 Seebarsch von ca. 1 ½ kg
◆ 1 Tasse Olivenöl ◆ 5 Knoblauchzehen
◆ 1 Wasserglas Weißwein ◆ Salz, Pfeffer
◆ 2 Zitronen ◆ 1 EL Oregano
◆ ½ kg Kartoffeln

Den Fisch schuppen, ausnehmen und gut waschen. Der Länge nach am Rückgrat halbieren und mit der Haut nach unten auf ein geöltes Blech legen. Salzen, pfeffern, den Oregano und den Weißwein zufügen. Das Öl unter allmählicher Beigabe des Zitronensaftes schlagen, den Fisch damit übergießen und schließlich die Kartoffeln schälen, zerschneiden und rund um den Fisch legen.
Bei 220° C ca. 40 Min. im Ofen backen.

Für 6 Personen. *Abb. S. 73*

Epirus - Festland

PESTROFA TIS ANIXIS *

Frühlingsforelle

◆ 4 Forellen, mittelgroß ◆ 2 Zwiebeln
◆ 2 Möhren ◆ 2 Knoblauchzehen
◆ 1 Bund Selleriegemüse
◆ 160 g Olivenöl
◆ 2 Zitronen ◆ Salz, Pfeffer, Dill

Die Forellen säubern, ausnehmen, mehrmals waschen, salzen und pfeffern und mit Zitronensaft beträufeln.
Auf ein quadratisches Stück Alufolie legen, nachdem sie mit Öl abgerieben sind und das Gemüse aufgeteilt wurde. Die Alufolie

Frühlingsforelle

schließen und die Päckchen auf ein Blech legen. Im Ofen bei 180°C 30 Min. backen. Heiß servieren.

Für 4 Personen.

Kephalonia

GAVROS FOURNOU **

Anschovis im Ofen

- ◆ 1 kg Anschovis
- ◆ ½ kg reife Tomaten, kleingeschnitten
- ◆ 1 Bund Petersilie, feingewiegt
- ◆ 6 Knoblauchzehen, ganz
- ◆ 1 Tasse Olivenöl ◆ Salz, Pfeffer

Die Anschovis säubern, indem man Köpfe und Eingeweide entfernt und sie gut wäscht.

Reihenweise auf ein geöltes Blech legen und alle restlichen Zutaten außer der Petersilie darüber verteilen. Bei anfangs starker Hitze 10 Min. backen, dann auf 150°C herunterstellen und weitere 30 Min. im Ofen lassen.

Mit feingehackter Petersilie servieren.

Für 6 Personen.

Kephalonia

BAKALIAROS SKORDALIA **

Stockfisch mit Knoblauchcreme

- ◆ 1 kg Stockfisch, gepökelt
- ◆ 500 g Milch ◆ 500 g Bratöl
- ◆ 1 Tasse Paniermehl
- ◆ Zutaten für Knoblauchcreme (S. 61)

Den Stockfisch in Portionen schneiden und 12 Std. wässern, inzwischen das Wasser 2-3 mal wechseln und den Fisch abtrocknen.

Die Fischportionen in ein breites Gefäß gut verteilt mit der Haut nach oben legen und die Milch übergießen, warten, bis sie vom Fisch aufgesaugt ist. Jede Portion in Paniermehl wälzen und in siedendem Öl von beiden Seiten ausbraten.

Die Knoblauchcreme gemäß Seite 61 zubereiten. Den Fisch warm mit Knoblauchcreme servieren.

Für 4 - 6 Personen.

Spetses

PSARI A LA SPETSIOTA **

Fisch à la Spetsiota

- ◆ 1 Fisch von 1 bis 1 ½ kg (Seebarsch oder Zahnbrasse)
- ◆ 1 Tasse Olivenöl
- ◆ 500 g reife Tomaten, in Scheiben
- ◆ 1 Tasse Weißwein
- ◆ 1 Bund Petersilie und Dill, feingewiegt
- ◆ 2 Knoblauchzehen, feingeschnitten
- ◆ 1 Zitrone
- ◆ 250 g Zwiebeln, in Scheiben
- ◆ 1 EL Tomatenmark ◆ Salz, Pfeffer

Den Fisch säubern, gut waschen, in Scheiben schneiden, die wir leicht salzen.

Die Fischscheiben auf ein mit Öl gefettetes Blech legen und die Zwiebelscheiben darauf verteilen, mit Weißwein abspritzen.

Das Öl mit dem Tomatenmark sowie Salz und Pfeffer schlagen und über den Fisch gießen. Petersilie und Dill, den Knoblauch und die Tomaten zugeben.

Bei mittlerer Hitze 30 Min. im Ofen backen.

Mit Zitronenscheiben und frischer Petersilie servieren.

Für 6 Personen. *Abb. S. 72*

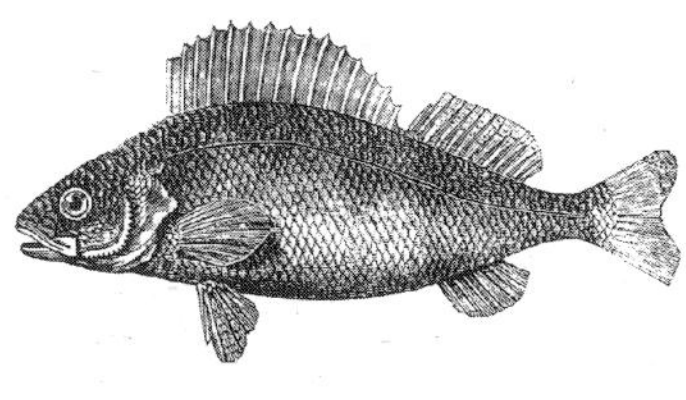

Stockfisch mit Knoblauchcreme(links)
Anschovis im Ofen (rechts)

Fisch à la Spetsiota

Kykladen

BARBOUNIA MARINATA ***

Marinierter Rotbarsch

- 8 große Rotbarsche
- 8 Knoblauchzehen
- etwas Rosmarin
- 1 kg Tomaten
- 3 EL Essig
- 1 EL Mehl
- ½ EL Zucker
- Salz, Pfeffer
- Bratöl
- Mehl zum Braten

Die Fische schuppen, ausnehmen, gut waschen, abtropfen lassen und salzen. In Mehl wälzen und in reichlich Öl ausbraten, abtropfen lassen. Das Bratöl durch ein feines Sieb gießen, wieder in die Pfanne geben und 1 EL gesiebtes Mehl dazutun. Die Tomaten durch ein Sieb passieren, in das Öl tun und Essig, Rosmarin, den geriebenen Knoblauch, Salz und Pfeffer zufügen und die Soße eindicken lassen. Zum Schluß den Zucker hineintun.
Nachdem die Soße gut eingedickt ist, tun wir die Fische hinein.
Mit feingehackter Petersilie servieren.

Für 4 - 6 Personen.

Marinierter Rotbarsch (unten)
Seebarsch gebacken mit Weißwein (oben)

Messolongi

PSARI PLAKI **

Backfischragout

- 4 junge Meeräschen
- 1 Knoblauchkopf
- 1 Tasse Olivenöl
- 2 Zitronen
- 2 EL Mehl
- Oregano, Salz

Die Fische säubern, halbieren, salzen und auf einem Teller lassen.
Das Öl mit etwas Oregano vermengen, die Fische damit bestreichen und auf einem Rost bei niedriger Hitze goldbraun grillen. Zwischendurch mit der Öl-Oregano-Mischung beträufeln.
In einem Topf 5 Gläser Wasser, den geschälten Knoblauch mit 3 EL Olivenöl zum Kochen bringen. Die Fische dazutun und darauf achten, daß sie eben vom Wasser bedeckt sind. Auf niedriger Stufe 15 Min. kochen.
Den Zitronensaft, Öl und Mehl zusammen schlagen und über die Fische gießen. Sobald sie kochen, von der Herdplatte nehmen.

Für 4 - 6 Personen.

Kreta

CHTAPODI ME MAKARONAKI KOFTO **

Oktopode mit Nudeln

- 1 kg Oktopode
- ½ kg kurze Bandnudeln
- ½ kg reife Tomaten
- 250 g Olivenöl
- 1 Tasse Weißwein
- 2 Zwiebeln, kleingeschnitten
- 4 Gläser warmes Wasser
- Salz, Pfeffer

Den Oktopoden gut waschen und in kleine Stücke schneiden.
Die Zwiebeln im Öl goldgelb dünsten, den Oktopoden zufügen und unter Rühren 5 Min. anbraten. Mit Weißwein ablöschen. 1 Glas Wasser, die enthäuteten und kleingeschnittenen Tomaten sowie Salz und Pfeffer zugeben.
Die Kochplatte kleiner stellen und 1 ½ Std. bei mäßiger Hitze schmoren lassen. Dann die 3 Gläser Wasser und die Nudeln zuschütten und weitere 20 Min. kochen.

Für 4 - 6 Personen.

Kykladen

FANGRI STA KARVOUNA **

Zahnbrasse, kohlegegrillt

- 1 Zahnbrasse von 1 ½ kg
- 6 EL Olivenöl
- 4 EL Zitronensaft
- 1 EL Oregano
- Salz

Den Fisch schuppen, ausnehmen und gut durchspülen, von innen salzen.
Das Olivenöl unter Zugabe von Zitronensaft und Oregano cremig schlagen.
Den Fisch auf einen nicht zu heißen Rost legen und von jeder Seite 10 Min. grillen. Von Zeit zu Zeit mit der Öl-Zitronen-Soße begießen.
Auf einer Platte anrichten und den Rest der Öl-Zitronen-Soße drübergießen.

Für 6 Personen. *Abb. S. 77*

Oktopode mit Nudeln (oben) Gefüllte Kalmare (unten)

Chios

KALAMARAKIA GEMISTA ***

Gefüllte Kalmare

- 1 ½ kg Kalmare, mittelgroß
- 1 kleingeschnittene Zwiebel
- 1 Bund Petersilie ◆ ½ kg Tomaten
- ½ Tasse Reis ◆ 50 g Pinienkerne
- 1 Tasse Olivenöl
- ½ Tasse Weißwein
- 1 Zitrone ◆ 1 Tasse warmes Wasser
- Salz, Pfeffer

Die Kalmare sehr gut auswaschen und den Knochen herausnehmen, den Kopf vom Körper trennen und diesen zusammen mit den Fangarmen kleinschneiden. Die Zwiebeln im Öl etwas andünsten und die Petersilie sowie Kopf und Fangarme, das Wasser, die Hälfte der Tomaten, Salz und Pfeffer zugeben. Auf kleiner Flamme weichkochen und zum Schluß die Pinienkerne und den Reis hineinschütten. Die Füllmasse vom Feuer nehmen.

Die Kalmare vorsichtig mit der Masse füllen und dabei bedenken, daß der Reis noch quillt. Mit Nadel und Faden zunähen. In einer Pfanne goldgelb anbraten und dann auf ein Blech legen. Den Weißwein und Zitronensaft, die restlichen Tomaten, das Bratöl drübertun und bei mittlerer Hitze 45 Min. im Ofen überbacken.

Für 6 Personen.

Zahnbrasse, kohlegegrillt (oben) Schwertfischspieße (unten)

Lesbos (Mytilini)

ASTAKOS MAGIATIKOS **

Hummer mit Gemüse

- 1 Hummer, 1 ½ bis 2 kg
- 1 Tasse Olivenöl ◆ 1 Bund Dill
- 1 Bund Petersilie ◆ 5 frische Zwiebeln
- ½ kg frische Tomaten ◆ 1 Zitrone

Das Loch im Schwanz des Hummers zustopfen und ihn in Salzwasser 20 Min. langsam kochen lassen. Den Hummer herausnehmen, 1 Glas vom Kochwasser zurückbehalten. Nach dem Abkühlen das Hummerfleisch aus den Schalen lösen, in Scheiben schneiden. Den Hummersud, das Öl, den Dill, die kleingeschnittenen Zwiebeln mit der Petersilie und den gehäuteten und geschnittenen Tomaten in einen Topf geben und 20 Min. kochen lassen. Dann die Hummerscheiben auf das Gemüse geben und weitere 5 Min. kochen. Auf einer Platte mit Zitronenscheiben anrichten.

Für 6 Personen

Lesbos (Mytilini)

KOLIO FOURNOU **

Makrele im Ofen

- 1 ½ kg Makrelen
- ½ kg Tomaten, kleingeschnitten
- 2 Zwiebeln, kleingeschnitten
- 5 Knoblauchzehen, kleingeschnitten
- 1 Tasse feiner Walnußsplitter
- 1 Tasse Olivenöl ◆ Salz, Pfeffer, Oregano

Die Fische ausnehmen und gut säubern, salzen und stehenlassen. Knoblauch, Zwiebeln, Oregano, Salz und Pfeffer miteinander zu einer Masse verrühren. Die Bäuche der Makrelen mit der Masse füllen, auf ein Blech legen, auch die übrig gebliebene Füllmasse zusammen mit den Nußsplittern dazugeben. Das Öl darübergießen und im Ofen bei 180°C goldbraun backen.

Für 6 Personen.

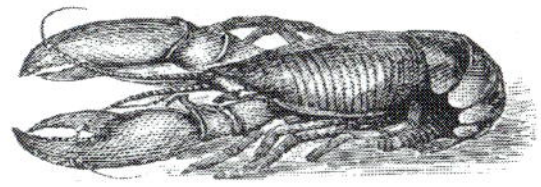

Hummer mit Gemüse

FLEISCH- UND HACKFLEISCH-GERICHTE

Zubereitungsgrad:
* einfach   ** normal   *** schwierig

SCHÄFER MIT SEINER HERDE IN GALAXIDI

Patras

GIOUVETSI ARNI **

Lammfleisch mit Nudeln im Ofen

- ◆ 1 kg Lammfleisch ◆ 5-6 reife Tomaten
- ◆ ½ kg Nudeln in Gerstenform oder andere kurze Teigwaren
- ◆ 1 Zwiebel mittelgroß, kleingeschnitten
- ◆ 1 Knoblauchknolle, feingeschnitten
- ◆ 200 g Hartkäse, gerieben
- ◆ 1 Tasse Olivenöl ◆ Salz, Pfeffer

Das Lammfleisch waschen, in Portionen schneiden und auf ein Blech legen. Die Tomaten enthäuten und kleinschneiden, die Zwiebeln, den Knoblauch, das Öl, Salz, Pfeffer und 1 Glas Wasser zugeben und im auf 280° C vorgeheizten Ofen ca. 2 Std. braten, bis das Fleisch gut Farbe angenommen hat. Wir wenden das Fleisch, gießen 3 Gläser warmes Wasser zu. Fängt es zu kochen an, geben wir die Nudeln dazu und kochen so lange, bis das Wasser eingezogen ist. Wir nehmen das Gericht aus dem Ofen und streuen den geriebenen Käse drüber.

Für 6 Personen.

Roumeli

ARNI ME PRASSA **

Lammfleisch mit Porree

- ◆ 1,5 kg Lammfleisch, Keule
- ◆ 3-4 frische Zwiebeln, kleingeschnitten
- ◆ 1 kg Lauchgemüse, grobgeschnitten
- ◆ 2 Zitronen ◆ 1 Ei
- ◆ 1 EL Mehl ◆ 180 g Olivenöl
- ◆ Salz, Pfeffer, Lorbeerblätter

Die Zwiebeln im heißen Öl goldgelb dünsten. Das in Portionen zerlegte Lammfleisch, Salz, Pfeffer, Lorbeerblätter, den Saft einer Zitrone, etwas Wasser zugeben und 40 Min. auf mittlerer Flamme kochen. Anschließend legen wir das Lauchgemüse auf die eine Seite der Topfes und kochen alles auf niedriger Flamme weitere 40 Min.
Kurz vor Ende der Kochzeit schlagen wir das Ei mit dem Zitronensaft, dem Mehl und etwas Brühe und schütten die Einlage unter vorsichtigem Rühren in den Topf, den wir vom Herd nehmen. Wir servieren das Gericht mit Pommes frites.

Für 6 Personen.

Roumeli

ARNI EXOCHIKO **

Lamm provinziell

- ◆ 1 Lammkeule von ca. 1,5 kg
- ◆ 2 Zwiebeln, kleingeschnitten
- ◆ 3 Kartoffeln, in Würfel schneiden
- ◆ 200 g Käse ◆ 1 EL Butter
- ◆ 2 Knoblauchzehen, kleingeschnitten
- ◆ 180 g Olivenöl ◆ Salz, Pfeffer

Die Keule waschen und ca. 1 Std. in Salzwasser kochen. Den Knochen herauslösen. Die Zwiebeln und den Knoblauch in siedendem Öl goldgelb dünsten. Die Kartoffeln und den Käse zugeben, goldgelb werden lassen und vom Feuer nehmen. Mit dieser Masse die Lammkeule anstelle des Knochens füllen, nachdem wir sie vorher mit Salz, Pfeffer und Butter eingerieben haben. In Alufolie, jedoch nicht sehr fest, einwickeln und ca. 1 Std. bei starker Hitze im Ofen backen.

Für 6 Personen.

Lammfleisch mit Nudeln im Ofen (oben)
Lammfleisch mit Porree (mitte)
Lamm provinziell (unten)

Chios

MOSHARI ME ELIES **

Kalbfleisch mit Oliven

◆ 1 kg Kalbfleisch
◆ 250 grüne, große Oliven
◆ 500 g frische Tomaten ◆ 180 g Olivenöl
◆ 2 Lorbeerblätter ◆ Salz, Pfeffer

Das Kalbfleisch in Portionen schneiden und von allen Seiten in siedendem Öl anbraten. Anschließend unter Zufügen von 1 Glas Wasser ca. 2 Std. bei mäßiger Hitze weichkochen.
Nun die kleingeschnittenen Tomaten zugeben, und - nachdem ihr Saft eingekocht ist - die Oliven, Lorbeerblätter, Salz und Pfeffer. Alles weitere 5 Min. kochen und vom Herd nehmen.
Mit Pommes frites servieren.

Für 4 Personen.

Mazedonien

MOSHARI ME DAMASKINA **

Kalbfleisch mit Backpflaumen

◆ 1 kg Kalbfleisch
◆ 750 g Backpflaumen
◆ 2 Zwiebeln, kleingeschnitten
◆ 2 Lorbeerblätter ◆ ½ TL Zimt
◆ ½ TL Zucker
◆ ½ Wasserglas Rotwein
◆ ½ kg frische Tomaten
◆ 180 g Olivenöl ◆ Salz, Pfeffer

Das Fleisch in Portionen schneiden, zusammen mit dem Öl in den Kochtopf geben und von allen Seiten anbraten. Die Zwiebeln zufügen und wenn sie zu bräunen beginnen, mit dem Wein ablöschen. Die kleingeschnittenen und durch ein Sieb pürierten Tomaten, die Lorbeerblätter, Zimt und Zucker, Salz und Pfeffer und soviel Wasser zugeben, bis alles bedeckt ist.
Auf niedriger Stufe kochen, bis das Fleisch weich ist, dann auf eine Platte legen.
Nun die Backpflaumen reihenweise auf den Boden des Kochtopfes legen, darüber das Fleisch von der Platte, etwas warmes Wasser zuschütten und 10-15 Min. kochen lassen.
Mit körnigem Reis servieren.

Für 6 Personen.

Roumeli

MOSHARI STIFADO **

Kalbfleisch mit Zwiebeln

◆ 1,5 kg Kalbfleisch
◆ 1,5 kg kleine Zwiebeln
◆ 1 Knoblauchknolle, kleingeschnitten
◆ 180 g Olivenöl ◆ 2 EL Essig
◆ 1 EL Tomatenmark
◆ Zimt, Nelken, Oregano
◆ Gewürzkörner, Salz, Pfeffer

Das Fleisch in Portionen schneiden und in siedendem Öl von allen Seiten anbraten. Die Zwiebeln unter lauwarmem Wasser schälen, zusammen mit dem Knoblauch, dem Essig, dem in ½ Glas Wasser aufgelösten Tomatenmark und allen Gewürzen zum Fleisch geben. Ungefähr 2 Std. bei mittlerer Hitze kochen und Wasser zugeben, falls erforderlich.

Für 6 Personen.

Kalbfleisch mit Oliven (unten)
Kalbfleisch mit Backpflaumen (rechts)
Kalbfleisch mit Zwiebeln (oben)

Mazedonien

MOSHARI ME KASTANA ***

Kalbfleisch mit Kastanien

- 1,5 kg Kalbfleisch ◆ 500 g Kastanien
- 1 Glas Weißwein ◆ 2 Zwiebeln
- 300 g Kartoffeln
- 200 g Broccoli (Spargelkohl)
- 1 Zweig Rosmarin
- 5 Möhren ◆ 1 Bund Sellerie
- 200 g Olivenöl ◆ Salz, Pfeffer

Das Öl im Topf erhitzen, das Fleisch mit einem Bindfaden zusammenbinden und von allen Seiten gut anbraten. Mit dem Wein ablöschen und das Selleriegemüse, die Möhren mit den ganzen Zwiebelchen, Salz und Pfeffer zugeben und mit Wasser auffüllen. Bei mittlerer Schaltstellung ca. 2 Std. kochen. 30 Min. vor Ende der Kochzeit geben wir die geschälten Kastanien, den Broccoli und die Kartoffeln dazu.
Nach dem Kochen das Fleisch in Scheiben schneiden und auf eine Platte legen. Das übrige Gemüse und die Kastanien dazulegen.Die Gemüse-Fleischbrühe quirlen und mit Weißwein und - falls nötig - unter Zugabe von etwas Mehl eine Soße machen und über die Fleischscheiben gießen.

Für 6 Personen.

Korfu

SOFRITO **

Kalbfleisch in Knoblauch-Weinsoße

- 6 Scheiben Kalbfleisch, ca. 2 cm dick
- 1 Bund Petersilie, feingewiegt
- 6 Knoblauchzehen, kleingeschnitten
- 1 Tasse Weißwein ◆ 3 Lorbeerblätter
- 180 g Olivenöl ◆ etwas Mehl
- Salz, Pfeffer

Das Fleisch von beiden Seiten mit Mehl bestäuben und leicht anbraten.
Das Öl durchseihen und den Knoblauch, die Petersilie, Lorbeerblätter, Salz, Pfeffer zugeben. Alles stark erhitzen und mit Wein ablöschen. Nun alles in einen Topf tun, etwas warmes Wasser zugießen, bis alles bedeckt ist, und auf mittlerer Flamme kochen, bis das Fleisch weich ist. Mit Kartoffelpüree servieren.

Für 6 Personen.

Peloponnes

MOSHARI ME KOLOKYTHAKIA ***

Kalbfleisch mit Zucchini

- 1,5 kg Kalbfleisch ◆ 1 kg Zucchini
- 2 Zwiebeln, kleingeschnitten
- 2-3 Tomaten ◆ 200 g Olivenöl
- Salz, Pfeffer, Minze

Das Fleisch in Portionen schneiden. Das Öl wird im Topf erhitzt und die Zwiebeln darin unter ständigem Rühren angebräunt. Das Fleisch dazutun und von allen Seiten anbräunen. Nun die gehäuteten und kleingeschnittenen Tomaten, Salz, Pfeffer und Minze sowie ½ Glas warmes Wasser zugeben und 2 Std. auf mittelheißer Platte kochen lassen. Die Zucchini säubern und in Stücke schneiden, leicht anbraten und in den Topf an eine Seite geben. Bei sehr niedriger Hitze 10 Min. ziehen lassen und vom Herd nehmen.

Für 6 Personen..

Kalbfleisch mit Kastanien (oben rechts)
Kalbfleisch mit Zucchini (links)
Kalbfleisch in Knoblauch-Weinsoße (unten)

Mazedonien

VODINO ME LACHANO ***

Rindfleisch mit Weißkohl

◆ 1,5 kg Rindfleisch mit Knochen
◆ 1 kg Weißkohl ◆ 1 Zitrone
◆ 4 Kartoffeln ◆ 3 rote Beete
◆ 4 Möhren ◆ 3 Zwiebeln
◆ 5 Tomaten ◆ 200 g Joghurt
◆ 180 g Olivenöl ◆ 4 frische Zwiebeln
◆ 3 Sellerie-Stauden, kleingeschnitten
◆ 1 Bund Petersilie, feingewiegt
◆ 1 Bund Dill, feingewiegt
◆ ½ Tasse Butter ◆ 5 Lorbeerblätter
◆ 2 grüne Paprikaschoten
◆ 2 rote Paprikaschoten
◆ Pfefferkörner ◆ Salz

Das Fleisch in Stücke schneiden und 20 Min. auf Starkstellung kochen. Gut abschäumen. Eine ganze Zwiebel, zwei Kartoffeln, zwei Möhren, die Lorbeerblätter, die Pfefferkörner zugeben und noch eine weitere Stunde kochen. Danach alles Gemüse herausnehmen und die trockenen Zwiebeln zusammen mit den frischen, fein geschnittenen und in Butter gedünsteten Zwiebeln, mit der in Würfel geschnittenen roten Beete und dem fein geschnittenen Weißkohl in den Topf tun. Auch die restlichen Möhren und in Würfel geschnittenen Kartoffeln sowie die in Streifen geschnittenen Paprikaschoten zugeben.
Das Selleriegemüse, Petersilie und Dill fügen wir ebenfalls bei und kochen alles nochmal 1 Std. Anschließend geben wir das bereits gekochte und inzwischen pürierte Gemüse, den Zitronen- und Tomatensaft und das Öl hinein und kochen alles weitere 15 Min. Vor dem Servieren geben wir auf jeden Teller 1 EL Joghurt.

Für 6 Personen.

Mazedonien

SIKOTAKIA ME PIPERIES *

Leber mit Paprikaschoten

◆ 500 g Lamm- oder Kalbsleber
◆ 500 g grüne Paprikaschoten
◆ 500 g reife Tomaten
◆ 1 Bund Petersilie, feingewiegt
◆ 1 Tasse Olivenöl ◆ Salz, Pfeffer

Die Tomaten enthäuten und klein-, die Paprikaschoten in Streifen schneiden, die Kerne entfernen. Zusammen mit dem Öl und der Petersilie in den Topf geben und kochen, bis die Flüssigkeit eingekocht ist. Die in kleine Portionen geschnittene Leber nun dazutun und auf Mittelstellung etwa 1 Std. köcheln lassen.

Für 4 Personen.

Volos

SPETZOFAI *

Würstchen mit Paprikaschoten

◆ 1 kg grobe Würstchen
◆ 2 rote Paprikaschoten ◆ 1 Tomate
◆ 2 grüne Paprikaschoten
◆ 2 Zwiebeln ◆ 100 g Olivenöl

Das Öl erhitzen, die in Scheiben geschnittenen Zwiebeln darin glasig dünsten. Die in kleine Stücke geschnittenen Würstchen, die grünen und roten Paprikaschoten und die Tomaten, alles sehr klein geschnitten, zugeben und auf mittlerer Flamme 15 Min. köcheln. Heiß servieren.

Für 4 Personen.

Rindfleisch mit Weißkohl (oben)
Leber mit Paprikaschoten (links)
Würstchen mit Paprikaschoten (rechts)

Peloponnes

KOUNELLI ME MAVRODAFNI **

Kaninchen mit Mavrodafni-Wein

- ◆ 1 Kaninchen von ca. 1,5 kg
- ◆ 180 g Olivenöl
- ◆ 1 Tasse Essig
- ◆ 1 Glas Mavrodafni-Wein von Patras
- ◆ 2 EL Mandelsplitter
- ◆ 2 Lorbeerblätter
- ◆ Muskatnuß, Zimt
- ◆ Salz, Pfeffer

Das Kaninchen in Portionen schneiden und 12 Std. lang in Essigwasser einlegen. Gut abtropfen lassen, in Öl goldbraun anbraten und mit Mavrodafni-Wein (süßer Rotwein) ablöschen. Zimt, Lorbeerblätter, Muskatnuß, die Mandelsplitter, Salz, Pfeffer und 1 ½ Glas Wasser zufügen und auf Mittelstellung kochen lassen, bis die Flüssigkeit zur Soße geworden ist.
Mit Pommes frites servieren.

Für 6 Personen.

Kaninchen mit Mavrodafni-Wein (links)
Kaninchen mit Oregano-Öl-Soße (rechts)

Mazedonien

CHIRINO GEMISTO **

Schweinerolle

- 1,5 kg Schweinefleisch, Bruststück, ohne Knochen
- 300 g Schweinehack
- 2 Scheiben Brot ◆ 1 Ei
- 1 grüne Paprika, kleingeschnitten
- 1 rote Paprikaschote ◆ 1 Glas Weißwein
- 1 Bund Petersilie und Dill, feingewiegt
- 180 g Olivenöl ◆ Salz, Pfeffer

Das Hack, das eingeweichte und ausgedrückte Brot, das Ei und die Paprikaschoten zusammen mit der Petersilie und dem Dill, Salz und Pfeffer in eine Schüssel geben, gut durchkneten. Das Fleisch waschen, gut abtropfen lassen und mit dem Fleischhammer klopfen. Zu einer Rolle formen und die Hackmasse einlegen, mit einem Bindfaden gut umwickeln. Das Öl in einem Topf erhitzen und die Rolle rundherum goldbraun anbraten. Mit dem Weißwein ablöschen. Nun die Rolle auf ein geöltes Blech legen, etwas Wasser zugießen und im stark vorgeheizten Ofen ca. 1 Std. und 40 Min. braten.

Für 8 Personen.

Schweinerolle (oben)
Schweinekoteletts mit Äpfeln(unten)

Kreta

KATSIKI ME CHYMOUS FROUTON **

Ziegenfleisch mit Obstsäften im Ofen

◆ 1,5 kg Ziegenlammfleisch
◆ 1 ½ Glas Zitronen- und Orangensaft
◆ 1 Gläschen Weinbrand
◆ 6 Knoblauchzehen, kleingeschnitten
◆ 500 g kurze Bandnudeln
◆ 150 g Olivenöl
◆ 200 g geriebener Käse
◆ Salz, Pfeffer, Oregano

Das Fleisch in Portionen schneiden, mit Salz und Pfeffer würzen, und zusammen mit Knoblauch, Weinbrand, Oregano und den Säften in einem abgedeckten Gefäß 12 Std. im Kühlschrank ziehen lassen. Aus dem Kühlschrank nehmen und das Fleisch auf ein Blech legen, das Öl und 1 Glas Wasser zugeben und bei mittlerer Hitze 1 ½ Std. im Ofen braten. Von Zeit zu Zeit warmes Wasser nachgießen. Wird mit den in Salzwasser gekochten und mit Parmesan überstreuten Nudeln serviert.

Für 6 Personen.

Thessalien

MOSHARI ME KYDONIA ***

Kalbfleisch mit Quitten

◆ 1 kg Kalbfleisch ◆ 6 Quitten
◆ 200 g Olivenöl ◆ 4 Stücke Stangenzimt
◆ 2 TL Zucker ◆ Salz, Pfeffer

Das Fleisch in Portionen schneiden und in dem im Topf erhitzten Öl goldbraun anbraten. Den Zimt, Salz, Pfeffer und 1 Glas warmes Wasser zugeben. 2 Std. auf Mittelstellung schmoren lassen und vom Herd nehmen.
Die Quitten schälen und in dicke Scheiben schneiden, zum Fleisch in den Topf geben. Den Zucker und so viel Wasser zufügen, bis sie bedeckt sind. So lange auf dem Feuer lassen, bis das Wasser eingekocht ist.

Für 6 Personen.

Kreta

ARNI ME GIAOURTI **

Lammfleisch mit Joghurt

◆ 1,5 kg Lammkeule ◆ 180 g Olivenöl
◆ 1 kg Joghurt, entwässert
◆ 4 Eier ◆ 1 Zitrone
◆ 2 Knoblauchzehen, kleingeschnitten
◆ 1 EL Mehl ◆ 3 EL Milch
◆ Salz, Pfeffer

Das Fleisch schneiden wir in kleine Stücke, würzen es mit Salz und Pfeffer und beträufeln es mit Zitronensaft. Wir legen es in einen Topf, fügen den Knoblauch, das Öl, ½ Tasse Wasser bei und kochen es ½ Std. auf Mittelstellung. Anschließend legen wir das Fleisch auf ein Blech. Die Soße streichen wir durch ein Sieb und vermengen sie unter Benutzung des Schneebesens mit dem Joghurt, den Eiern, dem Mehl und der Milch und gießen sie über das Fleisch. Im Ofen bei mittlerer Hitze bakken, bis die Soße einzudicken beginnt.

Für 6 Personen.

Ziegenfleisch mit Obstsäften

Thessalien

CHIRINO ME SELLINO **

Schweinefleisch mit Sellerie

◆ 1 kg Schweinefleisch
◆ 1 kg Sellerie mit Knollen
◆ 1 Zwiebel, kleingeschnitten ◆ 2 Eier
◆ Saft von 2-3 Zitronen
◆ 180 g Olivenöl ◆ Salz, Pfeffer

Das Fleisch waschen und in Portionen schneiden, mit dem Öl im Topf von allen Seiten anbraten. Die Zwiebel dazutun und goldgelb werden lassen, 1 Glas warmes Wasser zugießen. Bei mittlerer Hitze 1 Std. kochen lassen.
Den Sellerie waschen, die Blätter grob und die Wurzel in kleine Würfel zerschneiden. In Salzwasser blanchieren, mit in den Topf geben und alles weitere 40 Min. kochen lassen.
Die Eier auf einem tiefen Teller aufschlagen und unter tropfenweisem Zufügen von Zitronensaft und Fleischbrühe eine Ei-Zitronen-Soße zubereiten, die wir vor dem Servieren über das Fleisch gießen.

Für 6 Personen.

Mazedonien

CHIRINO ME FASSOLIA **

Schweinefleisch mit Bohnen

◆ 1,5 kg Schweinefleisch
◆ ½ kg Bohnen
◆ 2 EL Tomatenmark
◆ 2 Zwiebeln, kleingeschnitten
◆ ½ Tasse Olivenöl
◆ 3 kleine Paprikaschoten
◆ 2 Selleriestauden und Rosmarin
◆ Salz, Pfeffer

Das Fleisch in Portionen schneiden und von allen Seiten goldbraun anbraten. Die Zwiebeln zugeben und welk werden lassen, ebenso das Tomatenmark, Salz, Pfeffer, zwei Gläser warmes Wasser und 1 Std. bei mittlerer Hitze kochen.
In einem zweiten Topf kochen wir die Bohnen mit dem Sellerie, dem Paprikagemüse und dem Rosmarin. Hat es gut genug gekocht, geben wir alles in den Topf mit dem Fleisch und kochen so lange, bis alles zusammen weich ist.

Für 6 Personen.

Peloponnes

CHIRINO KRASSATO **

Schweinefleisch in Wein geschmort

◆ 1 kg mageres Schweinefleisch
◆ 1 ½ Wasserglas Weißwein
◆ 180 g Olivenöl
◆ Salz, Pfeffer

Das Fleisch in gleich große Würfel schneiden und im Öl von allen Seiten anbraten. Mit dem Wein ablöschen, Salz und Pfeffer hinzufügen sowie 1 Glas warmes Wasser. Den Deckel auflegen und bei mittlerer Hitze das Fleisch weich kochen. Falls nötig, zwischendurch warmes Wasser zugießen.
Ist die Flüssigkeit bis auf die Soße eingekocht, nehmen wir den Topf vom Herd.

Für 6 Personen.

Schweinefleisch mit Sellerie (rechts)
Schweinefleisch mit Bohnen (oben)
Schweinefleisch in Wein geschmort (unten)

Korfu

PASTITSADA **

Kalbfleisch mit Makkaroni

- 1 kg Kalbfleisch
- 1 Wasserglas Rotwein
- 1 kg reife Tomaten
- 200 g Olivenöl ◆ 2 Zwiebeln
- 6 Knoblauchzehen, kleingeschnitten
- 1 Bund Petersilie
- 2 Lorbeerblätter, 3 Nelken
- Zimt, Salz, Pfeffer ◆ 1 TL Zucker
- 500 g dicke Makkaroni
- geriebener Käse

Das Kalbfleisch in Portionen schneiden und an verschiedenen Stellen tief durchlöchern. Diese Löcher mit Petersilie, Knoblauch, Salz und Pfeffer ausfüllen. Das Öl wird im Topf erhitzt und das Fleisch nun von allen Seiten angebraten. Die Zwiebeln zugeben, sobald sie welk werden, mit dem Wein ablöschen. Zwei Gläser Wasser zugießen. Die enthäuteten und kleingeschnittenen Tomaten, alle Gewürze, den Zucker beifügen und ca. 2 Std. bei mittlerer Hitze kochen.
Die Makkaroni kochen und auf einer Platte mit dem Fleisch und der Soße anrichten. Den geriebenen Käse drüberstreuen.

Für 6 Personen.

Konstantinopel

SOUVLAKI POLITIKO **

Lammfleisch-Spieße

- 1,5 kg Lamm von der Keule
- 1 Knoblauchknolle
- Salz, Pfeffer, Oregano
- 300 g Joghurt ◆ 2 Zwiebeln
- 1 Bund Petersilie
- 3 Tomaten
- 2 Paprikaschoten ◆ Paprikagewürz

Das Fleisch waschen, von den Knochen lösen und in kleine Stücke schneiden. In ein Gefäß legen und Joghurt, Salz, Pfeffer, Oregano und den im Mörser zerriebenen Knoblauch zugeben. Gut umrühren und 12 Std. im Kühlschrank lassen.
Die Paprikaschoten, die Tomaten und Zwiebeln in kleine Stücke (wie das Fleisch) schneiden. Auf Spieße das Fleisch, die Tomaten, die Paprika und die Zwiebeln nacheinander aufreihen.
Auf dem Grill oder im Ofen bei mittlerer Hitze goldbraun durchbraten und mit Paprikagewürz und feingewiegter Petersilie zu Reis servieren.

Für 6 Personen.

Konstantinopel

MOSHARI ME MELITZANES POUREE ***

Kalbfleisch mit Auberginenpüree

- 1 kg zartes Kalbfleisch, in Würfel geschnitten
- 1 Zwiebel, kleingeschnitten
- 500 g frische Tomaten
- 6 große Auberginen
- ½ Tasse Butter ◆ 1 Tasse Olivenöl
- ½ Glas Milch
- ½ Wasserglas Rotwein
- Salz, Pfeffer, Zucker

Die Zwiebel und das Öl in den Topf ge-

Lammfleisch-Spieße (rechts) Kalbfleisch mit Auberginenpüree (links)

ben. Beginnt die Zwiebel zu bräunen, das Fleisch dazutun, von allen Seiten anbraten und mit Rotwein ablöschen. Bei mittlerer Hitze ca. 2 Std. kochen lassen. Sobald es weich wird, die kleingeschnittenen und entkernten Tomaten, 1 TL Zucker, Salz, Pfeffer, etwas Wasser beifügen und weiterkochen, bis die Soße bindet.

Die Auberginen auf Alufolie oder ein Blech legen und auf dem Herd gut von allen Seiten braten. Sind sie gut durchgebraten, in kaltes Wasser tauchen und die Schale sowie die Samenkerne, falls vorhanden, entfernen. Das Fruchtfleisch pürieren. Die Butter in einem Topf auslassen, die Auberginen hineingeben, laufend umrühren, langsam die Milch zugeben. Beginnt die Masse dick zu werden, in eine feuerfeste Form bringen und in der Mitte eine Mulde lassen, in die wir das Fleisch mit der Soße davon tun. Bei mittlerer Hitze ca. 20 Min. im Ofen backen.

Für 6 Personen.

Peloponnes

KOUNELLI ME LADORIGANI *

Kaninchen mit Oregano-Öl-Soße

◆ 1 Kaninchen, ca. 1 kg
◆ 80 g Olivenöl
◆ 2 Zitronen ◆ Oregano
◆ Salz, Pfeffer
◆ 3 Knoblauchzehen

Wir schneiden das Kaninchen in Portionen, legen es auf ein Blech und würzen es mit Salz und Pfeffer. Im Mörser die Knoblauchzehen zerreiben und mit Öl, Zitronensaft und Oregano in ein Gefäß geben. Das Blech bei mittlerer Hitze in den Ofen schieben und das Kaninchen während des Bratens regelmäßig mit dem Oreganoöl beträufeln.
Es wird mit Pommes frites serviert.

Für 4 Personen. *Abb. S. 88*

Attika

CHIRINES BRISOLES ME MILA *

Schweinekoteletts mit Äpfeln

◆ 6 Schweinekoteletts
◆ 4 Äpfel ◆ 1 Tasse gute Butter
◆ 1 Glas Weißwein
◆ Salz, Pfeffer, Zimt

Die Koteletts mit Salz und Pfeffer würzen und mit der Butter in einer Pfanne 10 Min. von jeder Seite braten. Mit dem Wein ablöschen und stehen lassen.
In einer zweiten Pfanne braten wir die in Ringe geschnittenen Äpfel, geben Zimt dazu, tun die Äpfel dann auf die Koteletts und lassen alles 5 Min. auf Mittelstellung langsam kochen. Heiß servieren.

Für 6 Personen. *Abb. S. 89*

Peloponnes

ARNAKI AVGOLEMMONO **

Lammfleisch in Ei-Zitronen-Soße

◆ 1 kg junges Lammfleisch
◆ 150 g Olivenöl
◆ ½ kg frische Zwiebeln, kleingeschnitten
◆ 1 Bund Dill, feingewiegt
◆ 2 Eier ◆ 2 Zitronen
◆ 1 EL Zucker
◆ 2 Gläser heißes Wasser
◆ Salz, Pfeffer

Das Fleisch in Portionen teilen, mit Pfeffer, Salz und Zitrone einreiben und in der Pfanne mit der Hälfte des Öls von allen Seiten anbraten. Gut abtropfen lassen und in den Topf geben. Das restliche Öl, die Zwiebeln, Dill, Zucker und 2 Gläser heißes Wasser zugeben. Noch ½ Std. auf Mittelstellung kochen lassen.Für die Ei-Zitronen-Soße schlagen wir die Eier in einen tiefen Teller und geben tropfenweise den Zitronensaft und etwas Soße vom Fleisch zu. über das Fleisch gießen.
Mit Pommes frites servieren.

Für 4 Personen.

Lammfrikassee (rechts) Lammfleisch in Ei-Zitronen-Soße (links)

Epirus - Festland

ARNI FRIKASSEE **

Lammfrikassee

◆ 1 kg zartes Lammfleisch, Bruststück
◆ 2 Zwiebeln, in Scheiben
◆ 300 g frische Zwiebeln, kleingeschnitten
◆ 2 Köpfe Feldsalat ◆ 1 Bund Dill
◆ 150 g Olivenöl ◆ 2 Eier
◆ 1 Zitrone ◆ Salz, Pfeffer

Den grünen Salat sehr gut waschen und in große Stücke reißen.

Das Fleisch in Portionen zerkleinern und mit dem Öl im Topf von allen Seiten anbraten. Alle Zwiebeln zugeben. Sind sie goldgelb, gießen wir ein Glas heißes Wasser zu und kochen alles ½ Std. auf Mittelstellung. Nun fügen wir Salat und Dill hinzu und kochen alles eine weitere halbe Stunde. Die Ei-Zitronen-Soße bereiten wir wie vorbeschrieben zu und gießen sie vorsichtig in den Topf.
Heiß servieren.

Für 6 Personen.

Mazedonien

KOLOKYTHAKIA GEMISTA ***

Gefüllte Zucchini

- 2 kg Zucchini, mittelgroße
- 150 g Rinderhack ◆ 1 Tasse Reis
- 1 kl. Bund Petersilie und
- 1 kl. Bund Dill, feingewiegt
- 3 Zwiebeln, kleingeschnitten
- 1 Tasse Olivenöl ◆ 2 Eier
- 1 Zitrone ◆ Salz, Pfeffer

Die Zucchini waschen und an den Enden abschneiden, der Länge nach aufschneiden, aushöhlen und abtropfen lassen. Zubereitung der Füllung: Die Zwiebeln im heißen Öl goldbraun dünsten, das Hack, Dill, Petersilie, Salz und Pfeffer zugeben. Von der Herdplatte nehmen und den Reis hineinschütten, gut verrühren und die Zucchini mit der Masse füllen.
In den Topf gießen wir 3 Gläser Wasser, stellen die Zucchini aufrecht hinein, geben 2 EL Öl zu und kochen alles bei geringer Hitze 40 Min. Für die Ei-Zitronen-Soße in einem tiefen Teller die Eier mit der Gabel schlagen, dabei allmählich den Zitronensaft zugeben, anschließend auch Brühe aus dem Topf. Die fertige Soße über die Zucchini gießen.

Für 6 Personen.

Dodekanes

LACHANODOLMADES AVGOLEMMONO ***

Krautrouladen in Ei- Zitronen-Soße

- 1 Kopf Weißkohl, ca. 1 kg
- 250 g Rinderhack
- 250 g Schweinehack
- 1 Tasse Reis ◆ 1 Tasse Olivenöl
- 2 Tomaten
- 1 Zwiebel, gerieben
- 1 Tasse feingewiegter Petersilie und Dill
- etwas Minze
- Salz, Pfeffer

Für die Ei-Zitronen-Soße:

- 2 EL Butter ◆ 2 Eier
- 2 Zitronen ◆ 2 EL Mehl

Den ganzen Kohlkopf in einem Topf mit Salzwasser 5 Min. kochen. Dann die Rippen von den Blättern lösen und auf den Topfboden legen.
Die beiden Hacksorten mit dem Reis, den kleingeschnittenen Tomaten, der Zwiebel, Petersilie, Dill, Minze, dem Öl, Salz und Pfeffer vermengen.
In jedes Kohlblatt einen gehäuften EL Hackmasse wickeln und reihenweise in den Topf legen. Zum Schluß mit einem umgedrehten Teller abdecken und auf kleiner Flamme 40 Min. kochen lassen.
In einem kleinen Topf bereiten wir die Ei-Zitronen-Soße zu, indem wir die Butter darin auslassen, das Mehl unter Rühren zugeben und mit einem Glas Kohlrouladenbrühe flüssig machen. Anschließend in einem tiefen Teller die beiden Eier schlagen und allmählich den Zitronensaft zugeben, bis beides bindet. Nun in den Topf schütten.
Diese Soße über die Krautrouladen gießen und servieren.

Für 6 Personen.

Gefüllte Zucchini (unten)
Krautrouladen in Ei (oben)
Klopse in Ei-Zitronen-Soße (rechts)

Euböa

GIOUVARLAKIA AVGOLEMMONO **

Klopse in Ei-Zitronen-Soße

- ◆ 1 kg Rinderhack
- ◆ 2 Tassen Reis
- ◆ 2 Eier
- ◆ 1 Zwiebel, kleingeschnitten
- ◆ 1 Tasse Petersilie, feingewiegt
- ◆ 1 Tasse Olivenöl
- ◆ 1 Bund Dill, feingewiegt
- ◆ Salz, Pfeffer

Für die Soße:

- ◆ 2 Eier, 2 Zitronen

Das Hack gut mit der Zwiebel, der Petersilie, dem gewaschenen Reis, der Hälfte des Öls, Salz, Pfeffer und den beiden Eiern vermengen und walnußgroße Klopse formen. Auf eine mit Dill belegte Platte legen. Dann mit dem restlichen Öl in einen Topf geben, Wasser zugießen, bis sie bedeckt sind, und 1 Std. auf mittlerer Kochstärke kochen. Ist das Wasser eingekocht, 1 weiteres Glas Wasser zugießen und aufkochen lassen.

Für die Ei-Zitronen-Soße die Eiweiß mit der Gabel schlagen, die Dotter zugeben und tropfenweise den Zitronensaft. Zum Schluß Brühe aus dem Topf beifügen und die Soße über die Giouvarlakia gießen.

Für 6 Personen. *Abb. S. 99*

Chios

MOUSSAKAS ***

Auberginen, Kartoffeln,Hackfleisch mit Pechamel

- ◆ ½ kg Rinderhack
- ◆ 750 g Kartoffeln
- ◆ 750 Auberginen, große
- ◆ 3 Eier ◆ 500 g Milch
- ◆ 200 g Käse, gerieben
- ◆ 1 Zwiebel ◆ Stangenzimt
- ◆ 500 g Tomaten
- ◆ ½ Glas Olivenöl ◆ 100 g Butter
- ◆ 4 EL Weizengries ◆ Salz, Pfeffer

Die Auberginen und die Kartoffeln in Scheiben schneiden und leicht in der Pfanne anbraten.

Das Öl im Topf mit den Zwiebeln heiß werden lassen, das Hack, die enthäutete und zerkleinerte Tomate ohne Samenkörner, den Zimt, Salz und Pfeffer zugeben. Gut umrühren und vom Herd nehmen.

In einem zweiten Topf erhitzen wir die Butter, schütten den Gries hinein und lassen ihn etwas bräunen. Wir fügen die mit der Milch geschlagenen Eier hinzu. Wenn die Masse dick wird, nehmen wir sie vom Feuer und geben die Hälfte des Käses zu.

In ein mit Öl gefettetes Rundblech legen wir eine Schicht Kartoffeln, darüber eine Schicht Auberginen, darauf das ganze Hack, eine weitere Schicht Kartoffeln und wieder Auberginen. Über jede Schicht streuen wir etwas Käse.

Zum Schluß ziehen wir die Creme über die ganze Fläche und streuen Käse darüber.

Bei mittlerer Hitze 40 Min. im Ofen überbacken.

Für 6-8 Personen. *Abb. S. 103*

Smyrna

SOUTZOUKAKIA SMYRNEIKA **

Hackröllchen aus Smyrna

- ◆ 700 g Rinderhack

- 2 Eier ◆ 2 Scheiben Brot
- 1 Bund Petersilie
- 6 Knoblauchzehen
- 1 Zwiebel, kleingeschnitten
- 1 EL Essig
- 1 kg Tomaten, enthäuten
- 150 g Olivenöl ◆ 1 Glas Rotwein
- ½ TL Zucker ◆ 200 g Mehl
- Öl zum Braten ◆ Salz, Pfeffer

In einer Schüssel das Brot einweichen und ausdrücken. Das Hack mit den Eiern, dem Brot, den zerriebenen Knoblauchzehen, der kleingeschnittenen Zwiebel und der feingewiegten Petersilie, Essig, Salz und Pfeffer vermengen.
Aus der Hackmasse zeigefingerlange Röllchen formen, in Mehl wälzen, in der Pfanne leicht anbraten und abtropfen lassen. Für die Soße geben wir eine halbe Tasse Öl, 2 EL Mehl, den Wein, die kleingeschnittenen Tomaten und den Zucker in die Pfanne. Laufend rühren, bis die Soße eingedickt ist.
Nun die Soutzoukakia in den Topf geben, die Soße darüber gießen und 5 Min. auf niedriger Flamme kochen.
Heiß zu körnigem Reis servieren.

Für 6 Personen. *Abb. S. 103*

Kreta

AGINARES GEMISTES ***

Gefüllte Artischocken

- 10 Artischocken
- 2 Zitronen
- ½ kg Rinderhack
- 1 Zwiebel
- 3 EL Olivenöl
- ½ Glas Wein ◆ 4 Tomaten
- 1 Lorbeerblatt ◆ 2 Nelken
- Salz, Pfeffer

Für die Creme:

- 4 EL Mehl ◆ 4 EL Butter
- 500 g Milch ◆ 2 Eier
- 1 Tasse geriebenen Käse
- Muskatnuß
- Salz, Pfeffer

Die groben Blätter der Artischocken entfernen, mit einem Löffel den Flaum abschaben und mit Zitronensaft und Salzwasser abreiben. 15 Min. kochen und halbieren.
In einem Topf das Öl mit der Zwiebel erhitzen, bis sie goldgelb ist, das Hack zugeben, 10 Min. lang rühren und mit Rotwein ablöschen. Nun die durch ein Sieb gestrichenen Tomaten, die Lorbeerblätter, Nelken, Salz und Pfeffer dazutun und auf kleiner Flamme kochen, bis die Flüssigkeit eingezogen ist. Die Auberginen mit der Hackmasse füllen.
Für die Creme lassen wir in einem kleinen Topf die Milch mit dem Mehl und der Butter unter ständigem Rühren heiß werden und binden. Nun die geschlagenen Eier, die Muskatnuß und die Hälfte des geriebenen Käses sowie Salz und Pfeffer zugeben. Alles gut verrühren und die Creme auf das Hack in den Artischocken geben. Darüber den restlichen geriebenen Käse streuen, die Artischocken auf ein mit Öl gefettetes Blech setzen, etwas Wasser zugießen und bei 180° C ca. 1 Std. backen, bis die Creme goldgelb ist.

Für 6 Personen. *Abb. S. 105*

Kreta

MELITZANES PAPOUTSAKIA ***

Gefüllte Auberginen

◆ 4 große Auberginen ◆ 400 g Rinderhack
◆ 1 Zwiebel, kleingeschnittenen
◆ ½ Tasse Olivenöl ◆ 2 reife Tomaten
◆ 1 Tasse Petersilie, feingewiegt
◆ Salz, Pfeffer ◆ Öl zum Braten
◆ 1 Tasse geriebenen Käse
◆ 250 g Milch ◆ 1 Ei ◆ 1 EL Butter
◆ 2 EL Mehl

Die Auberginen der Länge nach durchschneiden, etwas ausschaben, salzen und 1 Std. in Wasser legen, damit sie entbittern. Anschließend leicht anbraten und das Öl weggießen. Frisches Öl in die Pfanne tun und die Zwiebel dünsten, das Hack zugeben und 5 Min. unter Rühren anbraten. Danach die entkernten und kleingeschnittenen Tomaten, die Petersilie, Salz, Pfeffer und ½ Glas Wasser beigeben und bei mittlerer Hitze schmoren, bis die Flüssigkeit eingezogen ist.
Die Auberginen auf ein gefettetes Blech legen und in jede ca. 2 EL Hackmasse. Für die Creme aus Butter und Mehl eine leichte Mehlschwitze machen, nach und nach etwas lauwarme Milch hinzufügen und mit einem Holzlöffel umrühren. Sobald sie dick wird, vom Feuer nehmen. Die Eier schlagen, das Salz zugeben und unter die Creme rühren. Anschließend die Creme über die Auberginen geben, den Käse darüber streuen, ½ Glas Wasser ins Blech gießen und bei mittlerer Hitze im Ofen backen, bis die Creme goldgelb wird.

Für 4 Personen. *Abb. S. 105*

Patras

PASTITSIO ***

Makkaroni-Auflauf

◆ ½ kg dicke Makkaroni
◆ ½ kg Rinderhack
◆ 1 ½ Tasse Olivenöl
◆ 2 Tassen geriebenen Käse
◆ 1 Tasse Weißwein
◆ 1 EL Tomatenmark
◆ 2 Knoblauchzehen ◆ Zimt
◆ Salz, Pfeffer ◆ ½ l Milch
◆ 2 Eier ◆ 5 EL Mehl

Die Makkaroni in Salzwasser kochen, halbgar über einem Sieb abgießen, mit etwas erhitztem Öl in einem Topf wenden, dabei die eine Tasse Käse unterziehen.
In einer großen Pfanne das Öl erhitzen und das mit Salz und Pfeffer gewürzte Hack mit dem Zimt, dem Tomatenmark, dem kleingeschnittenen Knoblauch zugeben und 15 Min. braten. Mit dem Wein ablöschen und weitere 30 Min. schmoren.
Die Creme zubereiten, indem die Milch mit dem Mehl und etwas Salz in den Topf getan und auf niedriger Stufe unter ständigem Rühren zum Kochen gebracht wird, bis die Zutaten binden.
Auf ein gefettetes Blech verteilen wir die Hälfte der Makkaroni, danach das Hack und darüber die restlichen Makkaroni. Die Oberfläche wird mit der Creme abgedeckt, etwas Öl und der restliche Käse darüber getan. Bei mittlerer Hitze ca. 30 Min. im Ofen überbacken.

Für 6 Personen.

Makkaroni-Auflauf (oben)
Auberginen, Kartoffeln,Hackfleisch mit Pechamel (links)
Hackröllchen aus Smyrna (rechts)

Kykladen

DOMATES GEMISTES **

Gefüllte Tomaten

- ◆ 8 große Tomaten ◆ 350 g Rinderhack
- ◆ 2 Zwiebeln, kleingeschnitten
- ◆ 180 g Olivenöl ◆ 1 Glas Weißwein
- ◆ 1 Lorbeerblatt, Basilikum
- ◆ 2-3 Nelken ◆ Salz, Pfeffer

Creme-Zutaten

- ◆ 4 EL Mehl
- ◆ 4 EL Olivenöl ◆ 2 Tassen Milch
- ◆ 2 Eier ◆ 1 Tasse geriebenen Käse
- ◆ Salz, Pfeffer ◆ Muskatnuß, Zucker

Von den Tomaten einen Deckel abschneiden, das Mark aushöhlen und zurückbehalten. Die Zwiebel mit dem Öl zusammen in einem Topf auf mittlerer Flamme erhitzen, bis sie zu bräunen beginnt. Das Rinderhack, Lorbeerblatt, Basilikum und das Tomatenmark sowie Salz und Pfeffer zugeben und einige Minuten vermengen. Mit dem Wein ablöschen und die Masse 40 Min. auf niedriger Flamme köcheln lassen. Von der Feuerstelle nehmen und etwas vom geriebenen Käse zugeben. Die Tomaten mit der Masse füllen, nachdem sie vorher innen mit etwas Zucker eingerieben wurden, und auf ein Blech legen. Die Creme* zubereiten und die Hackmasse damit bedecken, Käse drüberstreuen, etwas Wasser zugießen und im stark vorgeheizten Ofen 20-25 Min. überbacken. Heiß servieren.

* Die Creme ist die gleiche wie bei den gefüllten Auberginen. Mit der Milch gleichen wir aus, wie fest wir sie haben wollen.

Für 4 Personen.

Thessalien

KAPAMAS ***

Hackbällchen in Ei-Zitronen-Soße

- ◆ 500 g Rinderhack
- ◆ 1 Zwiebel, mittelgroß kleingeschnitten
- ◆ 3 Eier
- ◆ 1 Bund Petersilie, feingewiegt
- ◆ Oregano ◆ 1 Scheibe Weißbrot
- ◆ 2 EL Mehl ◆ 230 g Olivenöl
- ◆ 1 Zitrone ◆ Salz, Pfeffer
- ◆ Öl zum Braten ◆ 1 l heißes Wasser

Aus dem Hack, der eingeweichten Scheibe Brot, dem einen Ei, der Zwiebel, der Petersilie, dem Oregano, Salz und Pfeffer kneten wir einen Teig und formen die Hackbällchen. In einer Pfanne werden sie in Öl leicht angebraten.

In einem Topf wird in 180 g heißem Öl das Mehl angebräunt und ½ l heißes Wasser zugegossen. Mit einem Holzlöffel gut umrühren, bis es zu kochen beginnt. Nun die Hackbällchen hineingeben und 45 Min. auf niedriger Flamme langsam kochen.

Wir erhitzen die restlichen 50 g Öl, geben Pfeffer hinzu und übergießen die Hackbällchen damit.

Die beiden Eier mit der Gabel schlagen, den Zitronensaft langsam zugeben und das Essen mit der Soße übergießen. Heiß servieren.

Für 4 Personen.

Gefüllte Artischocken (oben)
Gefüllte Tomaten (links)
Gefüllte Auberginen (rechts)

GEFLÜGEL UND WILD

Zubereitungsgrad:
* einfach ** normal *** schwierig

Lesbos

KOTOPOULO GEMISTO ***

Gefülltes Hähnchen

- ◆ 1 Hähnchen mit Leber, Herz, Magen
- ◆ 1 Knoblauchknolle
- ◆ 50 g entkernte Oliven
- ◆ 4 Scheiben Hartkäse
- ◆ Saft von 6 Zitronen
- ◆ ½ Tasse Olivenöl
- ◆ ½ Tasse grobe Zwiebackbrösel
- ◆ Oregano, Zimt, Nelken
- ◆ Salz, Pfeffer

Das Hähnchen waschen, mit Zitronensaft und Salz abreiben, ½ Std. stehen lassen.
Die Innereien kleinschneiden, alle Gewürze beifügen und in der Hälfte des Öls anbraten. Mit etwas Zitronensaft ablöschen, vom Feuer nehmen. 2 EL Zwiebackbrösel und die Oliven zugeben. Mit dieser Masse das Hähnchen füllen, den Käse dazutun und die Öffnung zunähen. Von außen mit Öl abreiben, mit dem restlichen Zitronensaft beträufeln und im auf 250° C vorgeheizten Ofen ca. 1 Std. backen. Von Zeit zu Zeit den Bratensaft entnehmen, damit es trokken brät. Wird der Bratensaft gekocht, kann man eine Soße davon machen.

Für 6 Personen.

Attika

KOTOPOULO ME LADORIGANI *

Hähnchen mit Oreganoöl

- ◆ 1 Hähnchen ◆ 80 g Olivenöl
- ◆ Saft von 3 Zitronen
- ◆ Oregano, Salz, Pfeffer

Das Hähnchen in Portionen schneiden, die Haut abziehen und 1 Std. in einer Marinade aus Zitronensaft, Olivenöl, Oregano, Salz und Pfeffer lassen.
Die Hähnchenportionen auf einen Rost legen und bei mittlerer Hitze braten. Häufig umdrehen und mit der Marinade beträufeln.

Für 4 Personen.

Epirus -Festland

KOTOPOULO ME PIPERIES **

Hähnchen mit Paprikaschoten

- ◆ 1 Hähnchen von ca. 1 kg
- ◆ 4 Paprikaschoten, in Ringe schneiden
- ◆ 4 Zwiebeln
- ◆ 4 Tomaten
- ◆ 4 Knoblauchzehen, feingeschnitten
- ◆ 2 EL Basilikum
- ◆ 180 g Olivenöl
- ◆ 1 scharfe Paprika
- ◆ Zimt, Nelke, Kardamon
- ◆ Salz, Pfeffer

Das Hähnchen in Portionen schneiden, gut waschen, abtropfen lassen.
In einer Pfanne mit Olivenöl das Hähnchen goldgelb anbraten, die Tomaten, Paprika und grob geschnittenen Zwiebeln zugeben und alles leicht anbräunen.
Den Inhalt der Pfanne nun in einen Topf schütten, das Basilikum mit dem Knoblauch, dem Zimt, der Nelke, dem Kardamon, Salz und Pfeffer sowie die scharfe Paprika und 1 Glas Wasser zugeben und bei niedriger Hitze ca. 1 Std. köcheln lassen. Falls nötig, warmes Wasser zugießen.

Für 6 Personen.

Gefülltes Hähnchen (rechts)
Hähnchen mit Oreganoöl (unten)
Hähnchen mit Paprikaschoten (oben)

Thessalien

KOTOPOULO ME CHILOPITES **

Hähnchen mit Bandnudeln

◆ 1 Hähnchen mit Leber, Herz, Magen
◆ 180 g Olivenöl ◆ 500 g Bandnudeln
◆ 2 Zwiebeln, kleingeschnitten
◆ 5 reife Tomaten ◆ Zimt, Nelken
◆ Salz, Pfeffer

Das Hähnchen waschen, portionieren und die Innereien zerkleinern.
In einem Topf das Hähnchen in der Hälfte des Öls goldbraun anbraten, herausnehmen und auf einer Platte ablegen. Im Topf braten wir im restlichen Öl die Zwiebeln goldgelb, tun die Innereien, die kleingeschnittenen und durch ein Sieb gestrichenen Tomaten, das Hähnchen, Zimt, Salz und Pfeffer, 3 Nelken, etwas warmes Wasser dazu und kochen alles bei mäßiger Hitze ca. 1 Std.
Während des Kochens 2 ½ Gläser warmes Wasser zugießen. Siedet es wieder, die Bandnudeln hineinschütten und so lange kochen, bis das Wasser eingekocht ist.

Für 6 Personen.

Hähnchen mit Bandnudeln

Roumeli

LAGOS LEMONATOS **

Hase in Zitronensaft

◆ 1 Hase, 1,5-2 kg
◆ 10 Zitronen ◆ 5 Knoblauchzehen
◆ 200 g Olivenöl ◆ 1 Glas Wein
◆ ½ kg Feta ◆ Salz, Pfeffer

Den Hasen in Portionen zerlegen und 12 Std. in den Saft von 3 Zitronen einlegen.
In einem Topf das Öl erhitzen, den Knoblauch zugeben und die Hasenportionen anbräunen, mit Wein löschen. Den Saft der restlichen Zitronen, Salz, Pfeffer, 1 Glas Wasser hinzufügen und auf niedriger Flamme kochen, bis das Fleisch weich ist. Kurz bevor wir den Topf vom Feuer nehmen, fügen wir den mit der Gabel zerdrückten Feta bei.

Für 6 Personen.

Lesbos

KOTOPOULO ME KARYDIA **

Hähnchen mit Walnüssen

◆ 1 kleines Hähnchen
◆ 2 Knoblauchzehen
◆ 2 Scheiben Zwieback
◆ 1 Tasse feine Walnußsplitter
◆ Salz, Pfeffer

Das Hähnchen waschen und auf mittlerer Flamme ca. 45 Min. in Salzwasser kochen, bis es weich ist. Den Zwieback in der Hühnerbrühe einweichen.
Den Knoblauch zusammen mit den Nüs-

Hähnchen mit Walnüssen (links) Hähnchen mit Okras (rechts)

sen im Mörser zerreiben, den ausgedrückten Zwieback, Salz und Pfeffer beigeben. Die Masse unter allmählicher Zugabe von Hühnerbrühe gut verrühren.
Das Hähnchen in Portionen zerlegen und mit dieser Soße übergießen.

Für 4 Personen.

Peloponnes

KOTOPOULO ME BAMIES **

Hähnchen mit Okras

◆ 1 großes Hähnchen ◆ 1 kg Okras
◆ 2 Zwiebeln, kleingeschnitten
◆ ½ Tasse Essig ◆ 1 kg frische Tomaten
◆ 180 g Olivenöl ◆ Salz, Pfeffer

Die Okras waschen und das obere Ende abschneiden. Das saubere Gemüse auf ein Blech legen und mit Essig beträufeln, salzen und ½ Std. in die Sonne stellen.
Das Hähnchen in Portionen schneiden, salzen, pfeffern. Die Hälfte des Olivenöls erhitzen, die Zwiebeln darin dünsten, das Hähnchen hineinlegen und goldbraun braten, die Tomaten zufügen und ca. 1 Std. auf mittlerer Kochstufe kochen.
Die Okras im restlichen, erhitzten Öl leicht anbräunen, dann zum Hähnchen in den Topf schütten und alles zusammen mit ½ Glas warmem Wasser 10 bis 15 Min. kochen.

Für 6 Personen.

Mazedonien

KOTOPOULO KALOKERINO **

Hähnchen mit Gemüse

- 1 kleines Hähnchen
- ½ kg Tomaten
- 500 g Zucchini
- 3 grüne Paprikaschoten
- ½ kg Kartoffeln
- 220 g Olivenöl
- 1 Zwiebel
- Salz, Pfeffer

Das Hähnchen säubern und zerschneiden.
Die Portionen in Öl anbraten, die kleingeschnittenen Zwiebeln, Salz, Pfeffer zugeben und so viel Wasser auffüllen, bis alles gerade bedeckt ist. Bei mäßiger Hitze 40 Min. kochen.
Das Gemüse putzen und waschen, in Stücke schneiden, in den Topf geben und so lange kochen, bis die Flüssigkeit zu einer Soße einzudicken beginnt.

Für 6 Personen.

Kreta

KOTOPOULO ME PORTOKALI **

Hähnchen in Orangensaft

- 1 Hähnchen von etwa 1 kg
- 3 große Orangen
- 100 g Butter
- 100 g Olivenöl ◆ 1 Zitrone
- 1 Zwiebel, kleingeschnitten
- Salz, Pfeffer

Die Butter mit dem Öl erhitzen und das Hähnchen rundherum goldbraun darin anbraten. Mit dem Saft der Orangen und der Zitrone ablöschen. Die Zwiebel, Salz, Pfeffer und 2 Gläser warmes Wasser zugeben.
Bei geringer Hitze 1 ½ Std. braten.

Für 6 Personen.

Thessalien

KOTOPOULO KAWROUMAS **

Hähnchen im Topf gebraten

- 1 Hähnchen von ca. 1 kg
- 2 Zwiebeln
- 2 Lorbeerblätter
- 180 g Olivenöl
- ½ kg Tomaten
- Salz, Pfeffer
- etwas Mehl

Das Hähnchen in Portionen schneiden und ohne etwas in einen Topf geben, auf ganz kleiner Flamme erhitzen, damit seine Flüssigkeit verdampft. Anschließend etwas Öl mit Pfeffer und Salz dazutun und rundherum anbraten. Dann 2 Gläser Wasser zugießen und kochen, bis nur noch wenig Flüssigkeit übrig ist. Vom Feuer nehmen und das Hähnchen von der restlichen Brühe trennen. Nun das restliche Öl mit den feingeschnittenen Zwiebeln in den Topf geben und anbräunen, die Gewürze beifügen. Jetzt das Hähnchen mit dem restlichen Saft und den kleingeschnittenen Tomaten in den Topf geben und kochen, bis nur noch das Öl von der Flüssigkeit übrig ist.

Für 4 Personen.

Hähnchen mit Walnüssen (links)
Hähnchen mit Okras (rechts)

Peloponnes

PAPIA ME ELIES **

Ente mit Oliven

- 1 Ente, ca. 1 ½ kg
- 3 Tomaten, kleingeschnitten
- 2 Zwiebeln
- 180 g Olivenöl
- 300 g Oliven, große grüne oder schwarze
- 2 Lorbeerblätter, Nelken, Zimt
- 1 Glas Weißwein
- 1 Knoblauchzehe, Rosmarin
- Salz, Pfeffer

Das Öl im Topf erhitzen und die Zwiebeln goldgelb dünsten. Die ganze Ente dazutun, von allen Seiten gut anbraten und mit Wein ablöschen. Daraufhin geben wir die Tomaten, die Oliven, den Knoblauch und alle Gewürze zu. Zwei Gläser warmes Wasser zuschütten und 1 ½ Std. auf mittlerer Flamme zur Soße einkochen.

Für 4 - 6 Personen.

Epirus - Festland

KOTOPOULO GEMISTO ME RYSI **

Hähnchen mit Reis gefüllt

- 1 großes Hähnchen
- 2 Tassen Reis
- 2 Zwiebeln, kleingeschnitten
- 1 Bund Petersilie, feingewiegt
- 500 g Feta
- 150 g Olivenöl
- 100 g Butter
- Oregano, Salz, Pfeffer

Das Hähnchen säubern, waschen und auf

Ente mit Oliven

mittlerer Flamme ca. 45 Min. in Salzwasser kochen.
In einer Pfanne die Zwiebeln in Öl und Butter dünsten, den Reis, die Petersilie, Oregano, die Hälfte des Feta, Salz, Pfeffer

und 5 Tassen Hühnerbrühe zugeben. Alles gut verrühren und das Hähnchen mit der Masse füllen. Den restlichen Feta dazugeben und das Hähnchen gut mit einem kräftigen Bindfaden umwickeln. Auf ein Blech legen und backen, bis die Flüssigkeit eingezogen ist und es zu bräunen beginnt.

Für 6 Personen.

Roumeli

LAGOS STIFADO **

Hase mit Zwiebeln

- ◆ 1 Hase
- ◆ 1 kg kleine Zwiebeln, geschält
- ◆ 3 Knoblauchzehen ◆ 1 kg Tomaten
- ◆ ½ Tasse Essig ◆ 180 g Olivenöl
- ◆ 6 Lorbeerblätter ◆ 6 Nelken
- ◆ 1 EL Zucker, Salz, Pfeffer

Wir zerlegen den Hasen in Portionen und braten ihn in Öl leicht an, geben die Zwiebeln dazu und lassen sie goldgelb werden. Nun tun wir alles in einen Topf, fügen den Knoblauch, die kleingeschnittenen Tomaten, den Zucker, Essig, die Gewürze und so viel Wasser zu, bis alles eben bedeckt ist. Bei mäßiger Hitze kochen, bis das Wasser eingekocht ist.

Für 6 Personen.

Mazedonien

AGRIOGOUROUNO KRASSATO ME KALABOKI **

Wildschwein mit Wein und Mais

- ◆ 1½ kg Wildschwein
- ◆ 400 g kleine Maiskörner
- ◆ 2 kleingeschnittene Tomaten
- ◆ 1 Paprikaschote
- ◆ 3 Zwiebeln, kleingeschnitten
- ◆ 1 Glas Rotwein
- ◆ 180 g Olivenöl
- ◆ Salz, Pfeffer,
- ◆ Rosmarin, Zimt

Das Öl in einem Topf heiß werden lassen und die Zwiebeln darin goldgelb dünsten. Das in Portionen geschnittene Fleisch vom Wildschwein zugeben, umrühren und mit dem Wein ablöschen. Salz, Pfeffer, Tomaten, die Paprikaschote, den Mais, Rosmarin und Zimt hinzufügen und 1 ½ Std. auf mittlerer Flamme kochen lassen, falls nötig, Wasser zufügen.

Für 6 Personen.

Thrazien

ORTYKIA ME RYSI **

Wachteln mit Reis

- ◆ 12 Wachteln
- ◆ 500 g Reis
- ◆ 2 Tomaten ◆ 2 Zwiebeln
- ◆ 180 g Olivenöl
- ◆ 1 Knoblauchzehe, feingeschnitten
- ◆ Pfefferkörner, Zimt ◆ Salz

In einem Topf das Öl erhitzen und die gesäuberten und gut gewaschenen Wachteln ca. 10 Min. darin anbraten. Die Zwiebeln, kleingeschnittenen Tomaten, den Knoblauch, Salz, Pfeffer und Zimt hinzufügen. Wasser zugießen, bis die Vögel bedeckt sind und 1 ½ Std. auf niedriger Flamme kochen.
Gegen Ende der Kochzeit gießen wir ein Liter heißes Wasser zu und schütten, sobald es kocht, den Reis hinein. Kochen lassen, bis das Wasser eingezogen ist.

Für 6 Personen.

Hase mit Zwiebeln (rechts)
Wildschwein mit Wein und Mais (oben)
Wachteln mit Reis (links)

GEMÜSE-GERICHTE

Zubereitungsgrad:
* einfach ** normal *** schwierig

BAUERNPAAR AUF KRETA

Chios

GEMISTA **

Paprikaschoten und Tomaten, gefüllt

- 6 große Tomaten
- 6 große, grüne Paprikaschoten
- 3 Kartoffeln
- 500 g Zwiebeln, kleingeschnitten
- 1 ½ Tassen Reis
- 2 Tassen Olivenöl
- 1 Bund Petersilie, feingewiegt
- 1 Bund Dill, feingewiegt
- Salz, Pfeffer

Die Tomaten und Paprikaschoten gut waschen. Einen Deckel abschneiden und beiseitelegen. Das Paprikakerngehäuse entfernen und das Tomatenmark aushöhlen und aufbewahren. Das Öl in einer Pfanne erhitzen und die Zwiebeln darin goldgelb dünsten, den Reis, das kleingehackte Tomatenmark, Dill, Petersilie sowie Pfeffer und Salz zugeben. Alles gut verrühren und mit der Masse die Tomaten und Paprikaschoten füllen, den Deckel aufsetzen. Die geschälten Kartoffeln in längliche Scheiben schneiden. Alles auf ein mit Öl gefettetes Blech setzen.
Bei mittlerer Hitze ca. 45 Min. im Ofen backen.

Für 6 Personen.

Mazedonien

BRIAMI *

Gemüsetopf im Ofen

- 1 kg Kartoffeln
- 4 mittelgroße Zucchini
- 2 Auberginen
- ½ kg Tomaten
- 4 Zwiebeln, kleingeschnitten
- 3 grüne Paprika
- 1 Bund Petersilie, kleingeschnitten
- 1 Tasse Olivenöl
- Salz, Pfeffer

Die kartoffeln schälen, Zucchini, Paprikaschoten und Auberginen gut waschen, alles in Scheiben schneiden und in eine mit Öl gefettete Auflaufschüssel geben. Die Zwiebeln, gehäuteten und geschnittenen Tomaten, die Petersilie, das Öl sowie Salz und Pfeffer hinzufügen.
Im Backofen bei mittlerer Hitze ca. 1 Std. schmoren lassen.

Für 6 - 8 Personen.

Attika

SPANAKORYSO *

Spinatreis

- 1 kg Spinat, gehackt
- 1 Tasse Reis
- 1 Zwiebel, kleingeschnitten
- 1 Bund Dill
- 1 Tasse Olivenöl ◆ 2 Zitronen
- 3 Gläser warmes Wasser
- Salz, Pfeffer

Das Öl in einem Topf erhitzen, die Zwiebeln darin goldgelb dünsten, Dill und Spinat zugeben. 3 Gläser Wasser zugießen und, sobald alles kocht, den Reis sowie Salz und Pfeffer zugeben. Langsam kochen lassen, bis das Wasser verbraucht ist.
Mit Zitronensaft servieren.

Für 6 Personen.

Paprikaschoten und Tomaten, gefüllt (unten)
Gemüsetopf im Ofen (oben)
Spinatreis (rechts)

Ikaria

SOUFIKO **

Gemüseomelett

- ◆ 3 Paprikaschoten ◆ 500 g Auberginen
- ◆ 300 g Zwiebeln ◆ 500 g Zucchini
- ◆ 3 Tomaten
- ◆ 3 Knoblauchzehen, feingehackt
- ◆ 1 Tasse Olivenöl◆ 3 Eier
- ◆ Salz, Pfeffer

Die Auberginen waschen, die Stengel ab- und die Frucht in Scheiben schneiden, salzen und 1 Std. stehenlassen. Dann waschen und abtrocknen.
Inzwischen die Paprikaschoten, Zucchini, Tomaten und Zwiebeln in Scheiben schneiden. In einer großen, tiefen Pfanne das Öl erhitzen, das geschnittene Gemüse mit Salz und Pfeffer hineingeben und unter Rühren langsam gut durchschmoren. Kurz bevor wir es vom Herd nehmen, die geschlagenen Eier drübergießen und etwa 5 Min. stocken lassen.

Für 6 Personen.

Santorini

DOMATOKEFTEDES **

Tomatenklöpse

- ◆ 2 kg reife Tomaten ◆ ½ kg Backmehl
- ◆ 2 Zwiebeln, kleingeschnitten
- ◆ 1 Bund Minze, feingehackt
- ◆ Öl zum Braten
- ◆ Salz, Pfeffer, etwas Zucker

Die Tomaten enthäuten, in kleine Stücke schneiden und den Saft abtropfen lassen.
In einem Gefäß die Zwiebeln, Minze, den Zucker, Salz und Pfeffer, die Tomaten unter vorsichtiger Zugabe des Mehls vermengen, bis ein zäher Brei entsteht.
Das Öl in der Pfanne erhitzen, mit dem Löffel Teigportionen hineingeben und von beiden Seiten ausbraten.
Das Öl abtropfen lassen und warm servieren.

Für 6 - 8 Personen.

Epirus - Festland

FASSOLIA GIGANTES ME SPANAKI **

Riesenbohnen-Spinat-Eintopf, gebacken

- ◆ 1 kg Spinat ◆ 500 g Riesenbohnen
- ◆ 1 Stange Porree, kleingeschnitten
- ◆ 1 Bund Dill, feingeschnitten
- ◆ 3 junge Zwiebeln, kleingeschnitten
- ◆ 500 g Feta (Schafskäse)
- ◆ 1 kg frische Tomaten ◆ 400 g Olivenöl
- ◆ 1 Tasse Zwiebackbrösel ◆ Salz, Pfeffer

Die Riesenbohnen 12 Std. in Wasser einweichen. Danach 1 ½ Std. in Salzwasser kochen, über einem Sieb abgießen und gut abtropfen lassen.
Den Spinat gut waschen, abtropfen lassen und schneiden. Die kleingeschnittenen Zwiebeln, den Porree mit dem Dill und die Hälfte des mit der Hand zerbröckelten Schafskäses zugeben und alles gut vermengen.
Die Hälfte der Masse in eine mit Öl gefettete Form geben, die Riesenbohnen darüber und obenauf den Rest der Masse zusammen mit dem Öl, dem restlichen Schafskäse, den gewürfelten Tomaten (ohne Mark), den Zwiebackbröseln und dem Pfeffer geben.
Ca. 1 Std. bei mittlerer Hitze im Ofen backen.

Für 8 Personen.

Schnecken mit Gemüse (rechts) Riesenbohnen-Spinat-Eintopf,gebacken (links)

Kreta

SALINGARIA ME CHORTARIKA ***

Schnecken mit Gemüse

- 1 kg Schnecken
- ½ kg Kartoffeln
- ½ kg Zucchini
- 2 Zwiebeln, kleingeschnitten
- 1 Bund Petersilie, feingewiegt
- 2 Tassen Olivenöl
- 1 kg Tomaten
- Salz, Pfeffer

Die Schnecken 12 Std. im Wasser lassen. Das Wasser abgießen, die lebenden Schnecken abbrühen und mit einem spitzen Messer aus dem Gehäuse lösen.
Das Schneckenfleich gut waschen und 5 Min. kochen, den Schaum abnehmen. überspülen und abtropfen lassen.
Das Öl in einem Topf erhitzen und die Zwiebeln darin andünsten, dann das Schneckenfleisch zugeben. Die kleingeschnittenen Tomaten und 2 Tassen Wasser hinzufügen.
Nachdem alles mehrmals aufgekocht ist, fügen wir die Petersilie, die in Scheiben geschnittenen Kartoffeln, Zucchini sowie Salz und Pfeffer hinzu. Den Topf verschließen und ca. 45 Min. langsam köcheln lassen.

Für 6 Personen.

Auberginen "Imam"(rechts) Okras (Eibisch), geschmort (links)

Kleinasien

MELITZANES IMAM ***

Auberginen "Imam"

- ½ kg Flaschen-Auberginen
- 1 Bund Petersilie, feingewiegt
- 1 Knoblauchzehe, feingehackt
- 700 g Tomaten
- 2 Tassen Olivenöl
- 3 Zwiebeln
- ½ TL Zucker
- Salz, Pfeffer
- Öl zum Braten

Die Auberginen waschen, der Länge nach einritzen, salzen und 1 Std. stehen lassen. Gut waschen, abtropfen lassen und in reichlich Öl braten.

Die Zwiebeln in Scheiben schneiden und in Öl goldgelb dünsten. Die Petersilie mit dem Knoblauch, die Hälfte der kleingeschnittenen Tomaten und den Zucker zugeben. Die Masse gut verrühren und die Auberginen damit füllen.

Ein Blech einölen, die Auberginen darauflegen und was von der Masse übrig ist, darüber die restlichen, in Scheiben geschnittenen Tomaten anordnen, etwas Öl aus der Pfanne und 1 Tasse Wasser drübergießen und 1 Std. bei mittlerer Hitze im Ofen backen.

Für 6 Personen.

Attika

BAMIES LADERES **

Okras (Eibisch), geschmort

- 1 kg Okras
- 2 Zwiebeln, kleingeschnitten
- 4 reife Tomaten, kleinschneiden
- 250 g Olivenöl
- 1 Tasse Essig
- 1 Bund Petersilie
- Salz, Pfeffer

Das obere Ende der Okras rundherum vorsichtig abschälen, die Okras gut waschen, mit Essig beträufeln, leicht salzen und 1 Std. in der Sonne stehen lassen.
Das Öl in einem Topf heiß werden lassen, die Zwiebeln und die Okras zugeben. Etwa 5 Min. rühren, die Tomaten, Petersilie und so viel Wasser zugeben, bis alles bedeckt ist. Bei mäßiger Hitze schmoren lassen, bis das Wasser verdampft ist.

Für 8 Personen.

Sifnos

REWYTHIA FOURNOU *

Kichererbsen gebacken

- 500 g Kichererbsen
- 1 Zwiebel, kleingeschnitten
- 3 Lorbeerblätter
- 1 Tasse Olivenöl
- 1 Bund Dill, feingewiegt
- 3 Knoblauchzehen
- Salz, Pfeffer
- etwas Mehl, in Wasser angerührt

Die Kichererbsen in lauwarmem Salzwasser einweichen, 12 Std. stehen lassen. Gut waschen und 10 Min. kochen. Mit allen übrigen Zutaten in einen Tondeckeltopf (von Sifnos) füllen, Wasser zugießen, bis eben alles bedeckt ist. Bevor der Deckel aufgelegt wird, den Rand des Topfes rundherum mit dem Mehlbrei bestreichen, so daß der Topf luftdicht verschlossen wird. Im Ofen bei 100°C 6 Std. backen.

Für 6 Personen.

Arkadien

MELITZANES FOURNOU ME TYRI **

Auberginen mit Käse überbacken

- 1 kg längliche Auberginen
- 700 g Käse (Hart- oder Schafskäse)
- 3 Zwiebeln, kleingeschnitten
- 1 kg Tomaten
- 1 Bund Petersilie
- 300 g Olivenöl
- Salz, Pfeffer

Die Auberginen der Länge nach einritzen und in siedendes Salzwasser tun, kochen bis sie fast weich sind. Abtropfen lassen und in einer Pfanne auf beiden Seiten bräunlich anbraten, das Öl abtropfen lassen. Danach die Zwiebeln goldgelb in der Pfanne dünsten, die kleingeschnittene, entsaftete Tomate zugeben und die Soße eindicken lassen.
Die Auberginen reihenweise auf ein geöltes Blech ordnen, auf jede ein fingergroßes Stück Hartkäse legen oder mit der Hand zerbröckelten Feta aufstreuen. Die Soße drübergießen und etwa 30 Min. bei mittlerer Hitze im vorgeheizten Ofen krustig überbacken.
Mit feingewiegter Petersilie bestreuen und servieren.

Für 6 Personen. *Abb. S. 126*

Auberginen mit Käse überbacken

Peloponnes

MELITZANES SKORDALIA **

Auberginen mit Knoblauchcreme

- ◆ 1 kg schlanke Auberginen
- ◆ 1 Tasse Olivenöl
- ◆ 1 kg Kartoffeln
- ◆ Salz

Zutaten und Rezept für die Knoblauchcreme s. Seite 61. Die gewaschenen Auberginen der Länge nach dreiteilen, ohne bis unten durchzuschneiden, 10 Min. in Salzwasser kochen, abtropfen lassen. Die Scheiben trennen und reihenweise auf ein mit Öl gefettetes Blech legen, mit Öl benetzen und die geschälten und in Scheiben geschnittenen Kartoffeln zugeben.
Bei mittlerer Hitze 30 Min. im Ofen backen, bis sie Farbe annehmen.
Inzwischen die Knoblauchcreme zubereiten und, nachdem das Blech aus dem Ofen genommen wurde, über die Auberginen schütten. Das Blech erneut in den Ofen geben und goldbraun überbacken.

Für 8 Personen.

Konstantinopel

AGINARES A LA POLITA **

Artischocken "Polita"

- ◆ 12 Artischocken
- ◆ 2 x Saft von 2 Zitronen
- ◆ 250 g Olivenöl
- ◆ 2 EL Mehl
- ◆ Salz, Pfeffer
- ◆ 4 Kartoffeln, kleingeschnitten
- ◆ 5 Zwiebeln, feingehackt
- ◆ 2 frische Zwiebeln, kleingeschnitten
- ◆ 2 EL Dill, gewiegt
- ◆ 3 Möhren, in Scheiben geschnitten

Die Außenblätter und die innere Blüte von den Artischocken entfernen, einen Stengel von ca. 5 cm lassen, in eine Schüssel mit Wasser, dem Saft von 2 Zitronen und Mehl legen.
Das Öl erhitzen und die trocknen und frischen Zwiebeln goldgelb dünsten, Möhren, Dill, Kartoffeln, Salz, Pfeffer und den Saft von 2 Zitronen sowie 2 Gläser Wasser zufügen und ½ Std. stark kochen lassen.
Danach die Kochplatte kleiner stellen, die Artischocken waschen, zugeben und solange köcheln, bis das Wasser eingekocht ist.

Für 6 Personen.

Artischocken "Polita"

TEIGWAREN UND REISGERICHTE

Zubereitungsgrad:
* einfach ** normal *** schwierig

MAZEDONIEN: BAUERNPAAR BEIM DRESCHEN

Mazedonien

CHYLOPITTES ME MELITZANES **

Nudeln mit Auberginen

- ½ kg kurze Bandnudeln
- ½ kg frische Tomaten
- 1 kg Auberginen ◆ 120 g Olivenöl
- 3 EL Butter ◆ 2 Knoblauchzehen
- 1 Tasse geriebenen Käse
- Salz, Pfeffer

Die Auberginen schälen, waschen, durchschneiden, die Schnittflächen salzen und 1 Std. stehenlassen. Die Tomaten enthäuten und gut zerdrücken.
In den Topf das Öl, die fein geschnittenen Knoblauchzehen, Salz, Pfeffer und den Tomatenmuß geben, 10 Min. kochen und die in Streifen geschnittenen Auberginen dazutun. Auf geringe Kochstufe stellen und 40 Min. kochen lassen.
Die Nudeln in Salzwasser kochen, abtropfen lassen. Die Butter zerlassen und unter die Nudeln mischen. Mit der Soße und dem geriebenen Käse servieren.

Für 4 Personen.

Dodekanes

MAKARONIA ME GIAOURTI *

Makkaroni mit Joghurt

- ½ kg Makkaroni
- ½ kg Joghurt, entwässert
- 2 Zwiebeln ◆ 3 EL Butter
- Salz

Die Makkaroni in Salzwasser kochen und abtropfen lassen.
Die Butter in einem Tiegel auslassen, die Zwiebeln zufügen und goldgelb dünsten. Den Joghurt zugeben und alles zu einer Masse verrühren. Die Makkaroni auf einer Platte anrichten, die Joghurtmasse drübergießen und servieren.

Für 4 Personen.

Mazedonien

PASTITSIO ME PRASSA **

Makkaroni-Auflauf mit Porree

- ½ kg dicke Makkaroni
- ½ kg Porree ◆ 1 Tasse Butter
- 1,5 kg reife Tomaten
- 1 scharfe Paprika ◆ 3 Eier
- Salz, Pfeffer

Die Makkaroni in Salzwasser halb gar kochen. Die Hälfte der Butter darunter mengen und auf einem mit Butter gefetteten Blech verteilen. Den Porree putzen, waschen und in ca. 8 cm starke Scheiben schneiden, in Salzwasser kochen, abtropfen lassen und mit der restlichen Butter in einer Pfanne dünsten.
Den Porree mit den Makkaroni auf ein Blech geben und Pfeffer aufstreuen. Auf dem Porree verteilen wir die in Scheiben geschnittenen Tomaten und die Paprikaschote. Bei mittlerer Hitze im Ofen backen.
Nach etwa einer halben Stunde, wenn die Tomaten weich geworden sind, schlagen wir die Eier und gießen sie darüber, salzen und pfeffern und lassen das Gericht im Ofen, bis die Oberfläche Farbe annimmt.

Für 6-8 Personen.

Nudeln mit Auberginen (links)
Makkaroni mit Joghurt (oben)
Makkaroni-Auflauf mit Porree (rechts)

Peloponnes

DOMATES GEMISTES ME TRAHANA **

Tomaten mit Graupenfüllung

- 8 große, reife Tomaten
- 2 Tassen säuerliche Graupen
- 1 Tasse Olivenöl
- 1 Ei ◆ 1 Tasse Milch
- 100 g Schafskäse (Feta)
- Minze
- Salz, Pfeffer ◆ 1 Zwiebel

Von den Tomaten den Deckel abschneiden, das Mark aushöhlen und zurückbehalten. Im erhitzten Öl die kleingeschnittene Zwiebel goldgelb dünsten. Vom Feuer nehmen, die Milch, die Graupen, das Ei, die Minze, Salz, Pfeffer und den zerbrökkelten Käse zugeben, auch das Tomatenmark, und gut zu einer Masse verrühren. Damit die Tomaten füllen und zum Schluß den Deckel aufsetzen.
Die gefüllten Tomaten auf ein ölgefettetes Blech setzen und bei mittlerer Hitze 40 Min. im Ofen backen.

Für 4 Personen.

Epirus-Festland

LACHANORYSO *

Reis mit Weißkohl

- 250 g Reis
- 1 mittelgroßen Weißkohlkopf
- 1 Zwiebel ◆ 3 EL Olivenöl
- 1 Bund Petersilie ◆ ½ kg Tomaten
- Salz, Pfeffer

Den Weißkohl in Stücke und die Zwiebeln klein schneiden, mit dem Öl im Topf anbraten. Die Tomaten auf dem Reibeisen schaben und in den Topf geben. Die Masse 15 Min. kochen, dann 3 Tassen heißes Wasser zuschütten. Kocht auch das, die feingewiegte Petersilie, Salz, Pfeffer und den Reis zugeben. Kochen lassen, bis die Flüssigkeit eingezogen ist.

Für 6 Personen.

Kreta

RYSI ME SALINGARIA **

Reis mit Schnecken

- ½ kg Schnecken
- 1 kg reife Tomaten
- ½ Tasse Reis
- 1 Bund Petersilie
- 2 Knoblauchzehen
- 150 g Olivenöl
- Zimt
- Salz, Pfeffer

Die Schnecken 10 Min. kochen, säubern und mit einer Gabel den hinteren Teil durchstechen.
Die Schnecken, das Öl, die feingewiegte Petersilie und den kleingeschnittenen Knoblauch in einen Topf geben und kurz anbraten. Die Tomaten, Salz, Pfeffer und Zimt zugeben und 20 Min. auf kleiner Flamme kochen.
Dann gießen wir 5 Tassen heißes Wasser zu, sobald alles aufkocht, kommt der Reis hinein.
Das Essen ist fertig, wenn das Wasser eingekocht ist.

Für 6 Pesonen

Tomaten mit Graupenfüllung (oben rechts)
Reis mit Weißkohl (links)
Reis mit Schnecken (rechts unten)

Kykladen-Inseln

MAKARONIA ME SKORDO *

Makkaroni in Knoblauchsoße

- ½ kg Makkaroni
- 3 Knoblauchzehen
- 1 Bund Petersilie ◆ 4 EL Olivenöl
- Salz, Pfeffer

Die Makkaroni in Salzwasser kochen. In einen kleinen Tiegel 3 EL Öl mit den 3 kleingeschnittenen Knoblauchzehen und etwas Salz geben, dünsten, bis der Knoblauch Farbe annimmt und unter Zugabe von feingewiegter Petersilie, 1 EL Öl und schwarzem Pfeffer über die Makkaroni gießen.

Für 4 Personen.

Attika

RYSOTO *

Risotto

- 1 Tasse Reis
- 3 Tassen heißes Wasser
- ½ Tasse Olivenöl
- ½ kg frische Tomaten
- 1 Bund Petersilie, feingewiegt
- 2 Knoblauchzehen, kleingeschnitten
- 1 EL Zucker
- Salz, Pfeffer

Die Tomaten häuten, aushöhlen und kleinschneiden.
In einem Topf das Öl erhitzen, den Knoblauch darin goldgelb dünsten, die Tomaten, die Petersilie, den Zucker, Salz,

Pfeffer sowie 1/2 Glas Wasser zugeben. Zehn Minuten auf mittlerer Flamme kochen und dann die 3 Gläser Wasser zuschütten. Sobald alles kocht, den Reis hineingeben, umrühren und die Flüssigkeit einkochen lassen.

Für 4 Personen.

Kreta

RYSI ME LACHANIKA *

Reis mit Gemüse

- ◆ 300 g Reis
- ◆ 100 g frische Butter
- ◆ 300 g diverse Gemüse (Möhren, Bohnen, Zucchini, Erbsen, Mais)
- ◆ 1 Zitrone ◆ Salz, Pfeffer

Den Reis in 1 Liter Salzwasser 15 Min. zusammen mit dem Saft der Zitrone kochen.
In einem anderen Topf alle Gemüsesorten kochen, nachdem sie in Butter gedünstet wurden. Nun mit dem Reis vermengen und in eine Form geben.
Die Form auf einer Platte umstülpen und 5 Min. so belassen, dann abziehen und servieren.

Für 4 Personen.

Dodekanes

CHYLOPITTES RHODOU ***

Hausgemachte Nudeln von Rhodos

- ◆ 1 kg Mehl
- ◆ 3 Eier ◆ 1 kg Tomaten
- ◆ ½ Tasse gute Butter
- ◆ Salz ◆ 1 Tasse Milch

In einer Schüssel das Mehl mit den Eiern, der Milch und etwas Salz zu einem Teig kneten und zu Blättern ausrollen. Etwas trocknen lassen, um ein dünnes Holz wikkeln und in kleine Vierecke von ca. 1 cm schneiden, trocknen lassen.
Die enthäuteten und zerdrückten Tomaten mit der Butter und etwas Salz in einen Topf geben und 3 EL Wasser zugießen. Beginnt die Masse zu kochen, die Nudeln zugeben und bei mittlerer Hitze kochen lassen, bis das Wasser verbraucht ist.

Für 8 Personen. *Abb. S. 136*

Volos

BOURANI *

Tomaten-Reis

- ◆ 2 Tassen Reis
- ◆ 1 rote Paprikaschote
- ◆ 100 g Olivenöl
- ◆ 1 Zwiebel
- ◆ 3 Knoblauchzehen
- ◆ 1 Bund Petersilie
- ◆ ½ kg frische Tomaten
- ◆ Salz, Pfeffer

Das Öl in einem Topf erhitzen, die Zwiebeln und den Knoblauch, beides kleingeschnitten, darin dünsten.
Nun den Reis und die feingewiegte Petersilie unter Rühren hineinschütten. Die in Scheiben geschnittene Paprika, die auf der Reibe zerriebenen Tomaten und 6 Tassen heißes Wasser zugeben. So lange kochen, bis die Flüssigkeit eingezogen ist.

Für 6 Personen. *Abb. S. 136*

Dodekanes

RYSI TOU PSARRA **

Fischerreis

- ◆ 600 g Reis
- ◆ 400 g Krabben
- ◆ 200 g Krebse (kl. Hummer)
- ◆ 200 g Muscheln
- ◆ 2 Zwiebeln
- ◆ 1 Paprikaschote
- ◆ Salz, Pfeffer
- ◆ 1 Zitrone
- ◆ 2 EL Ouzo (Anisschnaps)
- ◆ 1 Tasse Olivenöl

Das Öl im Topf erhitzen, darin die Zwiebeln und Paprikaschote, beides kleingeschnitten, goldbraun dünsten. Die Krabben, die gut gewaschenen Muscheln und die Krebse zugeben. Auf mittlerer Flamme 5 Min. kochen lassen und mit Ouzo ablöschen.

Das dem Reis entsprechende heiße Wasser (1 Teil Reis = 2 Teile Wasser) zugeben. Ist die Kochphase erreicht, den Reis mit dem Zitronensaft hineinschütten, 15 Min. kochen lassen. Heiß servieren.

Für 8 Personen.

Hausgemachte Nudeln von Rhodos (links) Tomaten - Reis (rechts)

ΣΙΓΑΡΕΤΤΑ
ΜΑΤΣΑΓΓΟΥ
ΤΙΜΟΛΟΓΙΟΝ
ΚΑΦΕΣ
ΜΠΥΡΑ

SÜSSPEISEN-BACKWAREN

Zubereitungsgrad:
* einfach ** normal *** schwierig

LESBOS, AGHIASSOS: KLEINES KAFFEEHAUS

Pelóponnes

DIPLES ***

Teigstreifen mit Honig-Sirup

Für den Teig:
- 10 Eier
- ½ Tasse Weinbrand
- Abrieb von 3 Orangen
- 1 kg hartes Mehl ◆ Öl zum Ausbacken

Für den Sirup:
- 4 Tassen Honig ◆ 2 Tassen Zucker
- 2 Tassen Wasser
- Walnüsse, zerkleinert ◆ Zimt-Puder

Die Eier mit dem Weinbrand schlagen. Den Orangenabrieb und das Mehl zugeben, den Teig sehr gut kneten. In runde Portionen trennen und zu dünnen Blättern ausrollen. Streifen von 5x10 cm schneiden.
Öl in einer Kasserolle erhitzen. Die Streifen einzeln mit einer Gabel hineintun, goldbraun ausbacken und auf einer Platte ablegen.
Wasser, Honig und Zucker in einem Gefäß warm werden lassen, bis alles bindet. Die Diples nacheinander in den Sirup tauchen, 1 Min. drinlassen, dann auf der Platte ablegen und mit Zimt und Nußsplittern bestreuen.

Epirus - Festland

KADAIFI GIANNIOTIKO ***

Kadaifi

- 1 kg Kadaifi-(Fadenteig-)Blätter
- 300 g zerkleinerte Walnüsse
- 300 g Butter ◆ 2 Eier
- 1 TL Zimt ◆ 2 EL Zucker
- 4 EL geriebenen Zwieback

Für den Sirup:
- 800 g Zucker ◆ 3 Tassen Wasser
- 2 TL Zitronensaft

Dotter vom Einweiß trennen. In einem Gefäß die Dotter mit 2 EL Zucker schlagen, bis der Zucker sich aufgelöst hat. Allmählich die Nuß- und Zwiebackbrösel zugeben, zum Schluß das geschlagene Eiweiß unterziehen. Nachdem alles reichlich geschlagen ist, wird 1 EL Butter dazugegeben und weitergeschlagen.
Das Kadaifi-Teigblatt ausrollen, in große Karos schneiden. In jedes Karo eine Portion Füllmasse geben und gut zusammenfalten. Auf ein eingefettetes Backblech von 40x25 cm legen. In einem Tiegel die Butter schmelzen und mit einem Löffel über die Stücke verteilen. 40 Min. im Backofen bei starker Hitze backen.
Zur Zubereitung des Sirups das Wasser mit dem Zucker kochen und zum Schluß den Zitronensaft zugeben. Beginnt der Sirup dick zu werden, über die ofenwarmen Kadaifi gießen.

Kreta

LOUKOUMADES **

Honigbällchen

- 500 g feingesiebtes Mehl ◆ 15 g Hefe
- 2 Gläser lauwarmes Wasser
- 700 g Öl zum Ausbacken ◆ Zimt-Puder
- 1 Tasse Honig ◆ ½ TL Salz

Die Hefe in eine Schüssel geben und mit etwas Wasser auflösen. Daraufhin das restliche Wasser, 1 EL Honig, das Salz und das Mehl zugeben. Den Teig gut kneten und 1 Std. an einem warmen Ort gehen lassen.
In einer tiefen Pfanne das Öl erhitzen. Den Teig mit einem Löffelchen abstechen und im heißen Öl ausbacken.
Über die warmen Loukoumades Honig verteilen, mit Zimt bestreuen und servieren.

Teigstreifen mit Honig-Sirup(unten rechts)
Honigbällchen (unten links) Kadaifi (oben rechts)
Krapfen mit Sirup und Walnüssen (oben links)

Kreta

MELOMAKARONA ***

Honig-Mandel-Küchelchen

- 600 g Olivenöl
- 200 g Zucker
- 1 Tasse Wasser
- 250 g Orangensaft
- 1 EL Honig
- 300 g Walnüsse, grob gehackt
- 10 g Ammoniak
- 10 g Hausnatron
- etwas geriebene Muskatnuß
- Orangenabrieb
- 1 EL Nelken und Zimt
- 2 EL Sesamkörner
- 1200 g Mehl
- 300 gestoßene Mandeln und Walnüsse

Für den Sirup:

- 1 Glas Wasser
- 1 Glas Zucker
- 1 Glas Honig

Das Öl in eine Schüssel gießen und schaumig schlagen. Zucker, Wasser, Honig, Orangensaft und das darin aufgelöste Hausnatron, den Ammoniak, die Nüsse, den geriebenen Muskat, Orangenabrieb, Zimt und die Nelken hinzufügen. Gut verarbeiten und allmählich das Mehl zugeben, bis ein weicher Teig entsteht. Die Melomakarona formen, auf ein gefettetes Blech legen und im vorgeheizten Ofen bei 180°C 30-35 Min. backen.
Wir kochen die Zutaten für den Sirup. Wird er sämig, über die Melomakarona gießen, die inzwischen auf einem großen Teller liegen. Zum Schluß werden Mandel- und Nußsplitter, Sesamkörner und Zimt drübergestreut.

Mazedonien

KOURABIEDES ***

Butter-Mandel-Gebäck

- 500 g Mandelsplitter, ungehäutet
- 500 g frische Butter ◆ 2 Eidotter
- 200 g Puderzucker ◆ 900 g Mehl
- Zimtpulver ◆ 1 Tasse Weinbrand
- 500 g Puderzucker zum Bestreuen

In einer Schüssel schlagen wir die Butter mit der Hand (40 Min.), bis sie zu weißem Schaum wird. Zucker zufügen und weiterschlagen. Eins nach dem andern die Eidotter, den Zimt und den Weinbrand unter ständigem Schlagen beigeben. Schließlich werden die Mandeln und allmählich das Mehl zugegeben und alles gut verarbeitet. Runde Bällchen formen, auf ein gefettetes Bleck legen und 15 Min. im vorgeheizten Ofen bei 180°C backen.Warm aus dem Ofen dick Puderzucker aufstreuen.

Thessaloniki

TSOUREKI ***

Hefekuchenbrot

- 1300 g Mehl◆ 350 g frische Butter
- 8 Eier ◆ 350 g Zucker
- 70 g Hefe ◆ ½ TL Salz
- Sesamkörner

Die Hefe in etwas warmem Wasser auflösen, in eine Schüssel gießen, Mehl dazutun. Die Teigmasse mit einem Handtuch abdecken und an einem warmen Platz 12 Std. stehen lassen.
Das Mehl über einer Schüssel sieben und in die Mitte den Hefeteig, das Salz, die zerlassene, lauwarme Butter, den Zucker, 7 mit dem Dotter geschlagene Eier geben. Gut durch-

Honig-Mandel-Küchelchen (oben rechts) Hefekuchenbrot (oben links) Butter-Mandel-Gebäck (unten rechts)
Traubenmostkringel (unten links)

kneten (je mehr man knetet, umso lockerer wird das Kuchenbrot). Den Teig mit einem Handtuch abdecken und am warmen Ort 3 Std. gehen lassen.
Danach mit etwas Mehl durchkneten und nach Belieben einen runden Kuchen oder Zöpfe formen. Auf ein eingefettetes Blech oder auf Fettpapier legen. Mit dem letzten Ei und etwas Sesam bestreichen und im auf 200°C vorgeheizten Ofen 50-60 Min. backen.

Kykladen

PASTELI **

(Nuß-, Honig,-Sesam-Paste)

- 300 g Walnußsplitter
- ½ Tasse gemahlenen Zwieback
- ½ Tasse Zucker
- ½ Tasse Honig
- ½ Tasse Sesamkörner
- etwas geriebene Muskatnuß

In einem Mörser die Nußsplitter mit dem Zwieback und der Muskatnuß stampfen. Zucker, Honig und ½ Tasse Wasser in einen Topf tun und kochen, bis der Sirup einzudicken beginnt. Die Walnußmischung beigeben und mit einem Holzlöffel umrühren. Von der Kochstelle nehmen.
Die Masse mit einer Teigrolle bis zu einer Stärke von 1,5 cm ausrollen und mit Sesamkörnern bestreuen. Nach dem Abkühlen in Stücke schneiden.

Samos

HALVAS **

Grießkuchen

- 1 Tasse Olivenöl
- 2 Tassen Weizengrieß, grob
- 1 TL Pinienkerne ◆ 3 EL Rosinen
- 3 EL Sesamkörner ◆ 3 Tassen Zucker
- 2 Tassen Wasser
- Schalenzimt, 3-4 Nelken
- Schale einer Zitrone

Das Öl in einem Topf warm werden lassen und den Grieß zugeben. Auf kleiner Flamme unter ständigem Rühren goldgelb werden lassen. Die Pinienkerne, Rosinen und Sesamkörner hineingeben. Bis zum goldbraunen Ton weiter rühren.
Wasser, Zucker, Nelken, Zimt und die Zitronenschale in eine Kasserolle geben und kochen, bis der Sirup sich zu einer Masse bindet.
Der Sirup wird langsam der Grießmasse beigegeben und bis zum Eindicken gerührt. Vom Feuer nehmen, in eine Kuchenform schütten und kalt werden lassen. Auf einem Kuchenteller umstülpen. Nach Belieben mit Zimt bestäuben.

Roumeli

GIAOURTI-MELI-KARYDI *

Honig-Walnuß-Joghurt

- 500 g entmolkten Joghurt
- 150 g Honig
- 200 g geraspelte Walnüsse

Den entsäuerten Joghurt in 4 Schalen verteilen, den Honig darüber geben und mit den Nußsplittern bestreuen.

Steria - Mittelgriechenland

RYSOGALO *

Milchreis

- 1 Tasse Reis ◆ 1 Tasse Zucker
- 1 l Milch ◆ 2 Eidotter
- 1 EL frische Butter
- 2 Beutel Vanillepulver
- 1 Stück Stangenzimt ◆ Zimtpulver

Die Milch und den Reis zum Kochen bringen. Beginnt er breiig zu werden, fügen wir den Zucker und die mit der Vanille, dem Zimt und der Butter verrührten Eidotter hinzu. Wird der Brei dick (bevor er fest ist), vom Feuer nehmen und in Schalen geben. Abkühlen lassen und vor dem Servieren mit Zimt bestäuben.

Attika

MOUSTALEVRIA *

Traubenmostpudding

- 2 l Traubenmost, gekocht
- ½ kg Mehl
- 1 Tasse zerkleinerte Walnüsse
- 2 TL Seesamkörner
- Zimt, gemahlen

Den Most zusammen mit dem Mehl kochen, bis die Masse cremig wird. Auf kleine Schüsseln verteilen, mit Sesam, Zimt und Nußgranulat bestreuen.

Grießkuchen (obe links)
Honig-Walnuß-Joghurt (unten rechts)
Milchreis (oben rechts)
Traubenmostpudding (unten links)
Gefüllte Backäpfel (Mitte rechts)

Peloponnes

MELITZANAKI GLYKO KOUTALIOU **

Auberginen-Sirup-Löffelkompott

- 20 kleine, unreife Auberginen
- 500 g Zucker ◆ 1 Beutel Vanille
- 20 geschälte Mandelkerne
- Saft einer Zitrone

Die Auberginen schälen und 5 Std. im Wasser liegen lassen. Anschließend 5 Min. kochen und zusammen mit dem Zitronensaft weitere 2 Std. im Wasser lassen. Abgießen und gut waschen. In jede Aubergine eine Mandel stecken.
Zwei Gläser Wasser mit dem Zucker auf die Feuerstelle setzen und dick werden lassen. Die Auberginen zugeben, bis auch sie sich mit dem Sirup verbinden, dann die Vanille beifügen.

Epirus - Festland

VERYKOKO GLYKO KOUTALIOU **

Aprikosen-Sirup-Löffelkompott

- 1 kg reife Aprikosen
- 1 kg Zucker
- 1 Glas Wasser
- 1 EL Zitronensaft

Aprikosen waschen und entsteinen, ohne sie zu öffnen. Zwei Stunden in einer Schüssel mit Wasser lassen. Mit 1 Glas Wasser, dem Zitronensaft und dem Zucker kochen, bis der Sirup dick wird.

Mazedonien

KERASSI GLYKO KOUTALIOU **

Kirschen-Sirup-Löffelkompott

- 1 kg Glaskirschen ◆ 1 kg Zucker
- 1 EL Zitronensaft
- 1 Beutel Vanillepulver

Die Kirschen vorsichtig entsteinen. Mit 1 Glas Wasser im Topf den Zucker zu Sirup kochen. Die Kirschen zugeben und kochen, bis alles gut bindet.
Den Schaum, falls erforderlich, abnehmen. Den Zitronensaft und die Vanille zufügen und vom Herd nehmen.

Chios

NERATZAKI GLYKO KOUTALIOU **

Bitterorangen-Sirup-Löffelkompott

- 25 kleine, grüne Bitterorangen
- 700 g Zucker

Die Bitterorangen in reichlich Wasser 1 Std. bis zum Weichwerden kochen. Gut waschen. Vom Stengel bis zur anderen Seite mit einem spitzen Gegenstand durchstechen, damit die Kerne herauskommen, mehrere Male gut durchspülen. 5 Tage im Wasser stehen lassen, wobei es täglich 2x gewechselt wird, um die Früchte zu entbittern.
Anschließend den Zucker mit 2 Gläsern Wasser kochen, bis der Sirup dick wird. Die Bitterorangen hineintun und 1 Tag stehen lassen. Danach nochmal aufs Feuer setzen, bis der Sirup gut eingedickt ist.

AUSWAHL DIVERSER LÖFFEL-SIRUPKOMPOTTE

Steria - Mittelgriechenland

KYDONI GLYKO KOUTALIOU **

Quitten-Sirup-Löffelkompott

◆ 8 Quitten
◆ 2 Gläser Wasser
◆ 2 Gläser Zucker
◆ 1 Tasse geschälte Mandeln

Quitten schälen und auf einer sehr groben Reibe schaben. Wasser und Zucker zu Sirup kochen. Die Quitten mit reichlich Wasser in einen anderen Topf tun und 10 Min. kochen. Über einem Sieb abgießen und mit den Mandeln in den Sirup geben, weitere 10 Min. kochen.

Steria - Mittelgriechenland

ACHLADI GLYKO KOUTALIOU **

Birnen-Sirup-Löffelkompott

◆ 1 kg kleine Birnen ◆ 1 kg Zucker
◆ Saft von 2 Zitronen ◆ 1 Glas Wasser
◆ 2 Beutel Vanille

Die Birnen schälen und das Gehäuse mit einem Spezialmesser herausnehmen. 3 Std. in einer Schüssel mit Wasser und dem Zitronensaft lassen. Abtropfen lassen und im Topf mit 1 Glas Wasser und dem Zucker kochen, bis der Sirup dick wird. Bevor sie vom Herd genommen werden, wird die Vanille zugefügt.

Peloponnes

KARYDOPITA ***

Nußkuchen

- ◆ 2 Tassen Zucker ◆ 3 Tassen Mehl
- ◆ 6 Eier ◆ 1 Tasse feinen Grieß
- ◆ 2 Tassen Öl
- ◆ 2 Tassen zerkleinerte Walnüsse
- ◆ 2 TL Hausnatron
- ◆ 2 TL Backpulver
- ◆ 2 TL Zimt ◆ Nelken, gestoßen
- ◆ ½ Tasse Weinbrand
- ◆ 1 Tasse Milch

Für den Sirup:

- ◆ 4 EL Zucker
- ◆ 1 Tasse Honig ◆ 3 Gläser Wasser

Die Eidotter mit dem Zucker gut schlagen. Die Eiweiß getrennt zu steifem Schnee schlagen. Das Öl, den Grieß, Mehl und Backpulver, das im Weinbrand aufgelöste Hausnatron, die Milch, Nüsse, den Zimt, die Nelken, die geschlagenen Eidotter und den Eischnee in eine Schüssel geben und gut verrühren.
Die Masse auf ein mit Butter gefettetes Blech (25x40 cm) verteilen und im vorgeheizten Ofen bei 200°C 40 Min. backen.
Für den Sirup das Wasser mit dem Honig und dem Zucker kochen, bis alles bindet. Über die warmen Nußkuchen gießen.

Kreta

AMYGDALOPITA **

Mandelkuchen

- ◆ 700 g Zucker ◆ 700 g Mehl
- ◆ 1 Glas Milch ◆ 8 Eier
- ◆ 300 g Butter
- ◆ 1 Tasse gemahlene Mandeln
- ◆ 1 TL Hausnatron
- ◆ 1 TL Backpulver

Butter und Zucker zusammen schaumig schlagen. Die Eidotter dazugeben und weiterschlagen. Die Milch mit dem darin aufgelösten Hausnatron, das Mehl mit dem Backpulver und die Mandeln hinzufügen, sowie zum Schluß das geschlagene Eiweiß. Alles gut verrühren und in eine gefettete Form gießen. Im Ofen bei mittlerer Hitze 45 Min. backen.

Mazedonien

STAFIDOPITA **

Rosinenkuchen

- ◆ 800 g Mehl zum Backen
- ◆ ½ TL Salz ◆ 200 g Butter
- ◆ 1 Tasse Zucker
- ◆ 2 Eier ◆ 2 Tassen Rosinen
- ◆ geriebene Schale 1 Apfelsine
- ◆ 300 g Milch
- ◆ 50 g Puderzucker

Das Mehl mit dem Salz sieben. Die Butter in einem Gefäß weich schlagen, den Zucker zufügen und nacheinander die beiden Eier, weiterschlagen. Die Rosinen, die geriebene Apfelsinenschale, das Mehl und die Milch beimischen.
Die Masse wird gut verrührt und in eine gefettete Form gegeben. Bei 200°C ca. 1 Std. im Ofen backen. Nach dem Herausnehmen mit Puderzucker bestäuben.

Nußkuchen (unten rechts)
Mandelkuchen (unten links)
Rosinenkuchen (oben links)
Joghurtkuchen (oben rechts)

Attika

GALAKTOBOUREKO ***

Puddingschnitten

◆ ½ kg fertigen Blätterteig
◆ ½ l Milch ◆ 6 Eier ◆ 1 kg Zucker
◆ 200 g feinen Weizengrieß
◆ 1 Beutel Vanillepulver
◆ 250 g frische Butter ◆ 1 Zitrone

Die Eier mit der Hälfte des Zuckers in einem Kochtopf schlagen, langsam den Grieß zugeben und weiterschlagen. Die Milch zugießen und ständig rühren. Den Topf auf die Kochplatte setzen, weiterschlagen. Nach dem ersten Aufkochen von der Platte nehmen und die Vanille zuschütten.
Noch etwas weiterrühren und den Topf zudecken. Auf dem mit Butter eingefetteten Rundblech Nr. 34 breiten wir die Hälfte der einzeln mit Butter bestrichenen Teigblätter aus und verteilen den ganzen Grießpudding darauf. Darüber schlagen wir die überhängenden Teigblätter ein und breiten auch die restlichen darauf aus. Mit dem Messer die Stücke markieren. Mit der restlichen Butter bepinseln und etwas Wasser besprühen. Im auf 180°C vorgeheizten Ofen 1 Std. backen. Den restlichen Zucker mit 1 Glas Wasser und etwas Zitronensaft in einen Topf geben und 10 Min. kochen, bis der Sirup dick wird. Nachdem er etwas abgekühlt ist, über den Galaktoboureko gießen.

Epirus - Festland

MYSITHROPITA **

Käseschnitten

Für den Teig
◆ 1 ½ kg Mehl
◆ ½ TL Backpulver
◆ ½ TL Salz
◆ ½ Tasse Butter
◆ 1/4 Tasse Wasser

Für die Füllung
◆ 600 g Mysithra (Weichkäse), ungesalzen
◆ 2 Eier
◆ ½ Tasse Zucker

Alle Teigzutaten mischen und gut kneten. Für 10-15 Min. in den Kühlschrank stellen, dann zu Blättern ausrollen.
Die Mysithra, den weißen, ungesalzenen Weichkäse, zerbröckeln, Zucker und Eier zufügen und gut verrühren. Auf dem ausgerollten Teigblatt, das über ein Blech gebreitet wurde, verteilen, Teigblatt umklappen und ein weiteres darüberlegen und bei mittlerer Hitze 45 Min. im Ofen backen.
Falls gewünscht, Kirschsirup drübergießen.

Attika

KERASSOPITA ***

Kirschkuchen

◆ 2 Tassen Mehl ◆ 1 TL Backpulver
◆ ½ Tasse Butter ◆ 1/4 Tasse Wasser
◆ 1 kg Kirschen
◆ ½ Tasse Zucker ◆ 1 EL Weinbrand
◆ 1 EL Vanillepulver

Zuerst den Teig bereiten, indem wir Mehl, Backpulver und die Butter vermengen. Unter Zugabe von Wasser kneten. Um den Teig ausbreiten zu können, muß er kurze Zeit in den Kühlschrank. Danach auf einem Blech ausbreiten (etwas für die Dekoration zurückbehalten). Die entsteinten Kirschen mit dem Zucker, der Vanille

Käseschnitten (oben) Kirschkuchen (unten)

und dem Weinbrand vermengen.
Die Kirschen über das Blech (auf dem Teig) verteilen und vom zurückbehaltenen Teig Streifen formen und drauflegen. Im Ofen bei mittlerer Hitze 40-45 Min. backen, bis die Streifen goldbraun werden.

Mazedonien

VASSILOPITA **

Neujahrskuchen

- ◆ 300 g frische Butter
- ◆ 300 g lauwarme Milch
- ◆ 1 kg Mehl
- ◆ 300 g Mandeln, geschält-gemahlen
- ◆ 700 g Zucker ◆ 6 Eier
- ◆ 1 Gläschen Weinbrand
- ◆ 4 EL Backpulver

Die Butter schaumig schlagen. Den Zucker, die Milch, die gut geschlagenen Eier, die Mandeln, den Weinbrand und schließlich nach und nach das mit dem Backpulver vermischte und gesiebte Mehl zufügen. Gut miteinander bis zur gleichmäßigen lockeren Masse verrühren und 2 Std. an einem warmen Platz ruhen lassen. Auf ein mit Butter gefettetes Rundblech geben und im vorgeheizten Ofen bei 250° C 35 Min. backen.

Kreta

XEROTIGANA ***

Krapfen mit Sirup und Walnüssen

◆ 1 kg Mehl
◆ 1 Tasse Olivenöl ◆ 2 TL Salz
◆ 1 TL Zitronensaft
◆ 2 Tassen Wasser ◆ Öl zum Ausbacken

Für den Sirup:

◆ 1 Tasse Bienenhonig
◆ 2 Tassen Zucker ◆ 4 Gläser Wasser
◆ Zimt, gemahlen
◆ 1 Tasse zerkleinerte Walnüsse
◆ 2 Nelken

Das Mehl in eine Schüssel geben, in der Mitte eine Vertiefung machen, wo Öl, Salz, Wasser und der Zitronensaft hineinkommen. Den Teig kneten, zu einem Ball formen, mit einem Tuch abdecken und 1 Std. ruhen lassen.

Danach mit dem Nudelholz eine dünne Schicht ausrollen und in 2 cm breite Streifen schneiden. Diese zu einem Kreis zusammenlegen, drehen und die Enden miteinander verbinden.

Das Öl in einer tiefen Pfanne erhitzen und die Krapfen kurz ausbacken. Auf Fettpapier abtropfen lassen, auf eine Platte legen.

Das Wasser für den Sirup zum Kochen bringen, alle Zutaten außer den Nüssen und dem Zimt hineingeben. Wird der Sirup dick, über die Krapfen gießen und mit Nüssen und Zimt bestreuen.

Abb. S. 149

Peloponnes

JAOURTOPITA **

Joghurtkuchen

◆ 200 g frische Butter ◆ 350 g Zucker
◆ 600 g Mehl zum Backen, gesiebt
◆ 200 g Joghurt ◆ 10 g Vanillepulver
◆ Abrieb einer Orange ◆ 4 Eier

Butter und Zucker schaumig schlagen. Unter ständigem Schlagen den Orangenschalenabrieb, die Eier und den Joghurt zufügen. Das mit der Vanille gemischte Mehl langsam dazugeben und alles gut verrühren. Die Masse in eine mit Butter gefettete Form geben und bei 180°C ca. 1 Std. im vorgeheizten Ofen backen.

Abb. S. 149

Mazedonien

MILA PSITA **

Gefüllte Backäpfel

◆ 4 Äpfel ◆ 200 g Walnußsplitter
◆ 180 g Rosinen ◆ 1 EL Zimt
◆ 1 Tasse Zucker
◆ 1 Tasse Weinbrand ◆ 2 EL Butter

Das Gehäuse der Äpfel mit einem Spezialentferner herausnehmen, ohne die Äpfel zu zerschneiden.

Nußsplitter, Rosinen, Zucker, Weinbrand und Zimt in einem tiefen Teller zu einem Brei vermengen. Die Äpfel damit füllen, etwas zerlassene Butter darüber träufeln und bei mittlerer Hitze 50 Min. im Ofen backen.

Nach dem Abkühlen servieren.

Abb. S. 145

Attika

MOUSTOKOULOURA ***

Traubenmostkringel

- ◆ 1 Tasse süßen Traubenmost (Petimesi)
- ◆ 1 Tasse Zucker
- ◆ 1 Tasse Öl
- ◆ ½ Tasse Orangensaft und Orangenabrieb
- ◆ 4 EL Weinbrand
- ◆ 8 Tassen Mehl
- ◆ 3 EL Backpulver
- ◆ 1 TL Zimt
- ◆ 1 TL Hausnatron

Wir verrühren Most, Zucker, Öl, Orangensaft und Weinbrand miteinander. In einem zweiten Gefäß mischen wir das Mehl mit dem Backpulver, dem Hausnatron, dem Zimt, geben dies schubweise der ersten Mischung zu und rühren den Teig, bis er fest wird. Wir formen Kringel, setzen sie auf ein geöltes Blech und backen sie 20 Min. bei mäßiger Hitze aus.
Nach Belieben können wir auf jeden Kringel etwas Sesam streuen.

Lesbos

BAKLAVAS ***

Baklavas

- ◆ 500 g Walnußsplitter
- ◆ 500 g Mandelsplitter
- ◆ 250 g frische Butter
- ◆ 800 g Baklavas-Blätterteig
- ◆ 120 g groben Grieß
- ◆ 150 g Honig
- ◆ 100 g Rosenwasser
- ◆ 100 g Olivenöl
- ◆ 2 kg Zucker

Für den Sirup nehmen wir 1,5 kg Zucker, geben ihn mit ½ l Wasser in einen Topf und lassen ihn zu Sirup binden. Bevor wir ihn von der Kochstelle nehmen, schütten wir die Hälfte des Rosenwassers zu. Nachdem der Topf von der Kochstelle herunter ist, den Honig zugießen. Abkühlen lassen. Für die Füllung die Mandeln mit den Nüssen gut schlagen, den Grieß dazugeben und unterrühren. Den restlichen Zucker zuschütten, alles zu einer festen Masse machen. Die Butter auslassen, das Öl zugeben, miteinander verrühren.
Vier mit Butter bestrichene Teigblätter über ein Blech (25x40), das mit dem Fettgemisch von Butter und Öl bestrichen wurde, legen und überhängen lassen. Dann ein nicht mit Butter gefettetes Teigblatt drauflegen. Darüber eine Schicht der Walnuß-Mandel-Füllung gleichmässig verteilen. Ein gebuttertes Teigblatt drüberlegen. Die Ränder der Teigblätter nach innen einschlagen. Das Belegen wird fortgesetzt, ein Teigblatt mit Butter eingefettet, ohne Mandel-Nußfüllung, und ein Blatt mit der Füllung, ohne Butter, bis alle Teigblätter aufgebraucht sind. Mit einem Messer Portionen schneiden. Wir gießen den Rest der Butter darüber und besprühen die oberen Teigblätter mit etwas Wasser.
Das Blech in den Ofen mit 180°C schieben. Sobald die obere Schicht Farbe annimmt, mit Aluminiumpapier abdecken, damit alles gleichmässig ausbäckt. Löst es sich vom Blech, ist der Baklavas fertig und wird aus dem Ofen genommen. Solange er warm ist, werden das restliche Rosenwasser und der kalte Sirup darüber gegossen. Bedeckt mit einem Handtuch bleibt der Baklavas 12 Std. stehen, damit der Sirup gut durchzieht.

DIE FRUCHT DES OLIVENBAUMS

Gegen das Ende eines jeden Jahres beginnt die Olivenernte.
Mehr als 100 verschiedene Olivenarten werden in Griechenland angebaut. Den größten Teil bilden die sogenannten "Öl-Oliven", woraus das Olivenöl gewonnen wird. Es gibt jedoch auch Arten, die Tafeloliven abgeben. Die bekanntesten und besonders geschmackvollen sind die aus dem Gebiet von Kalamata und Amphissa, jedoch ebenso schmackhaft sind die aus den Regionen Agrinion, Chalkidike, Thassos und anderen Gebieten.
Nachstehend geben wir Ihnen drei charakteristische Rezepte, damit Sie selbst Tafeloliven einlegen und halten können.

Kalamata

ELIES KALAMON XYDATES ***

Kalamon-Oliven in Essig

◆ 5 kg Oliven von Kalamata

Für die Lake:

◆ 300 g grobkörniges Salz

◆ 200 g Essig ◆ 1,6 l Wasser

5 kg große, schwarze Oliven, keine angeschlagenen oder von Insekten angestochenen, aussuchen und von beiden Seiten mit einem scharfen Messer der Länge nach einritzen, ohne an den Kern zu kommen. 20 Tage lang mit überreichlich Wasser in einem Gefäß lassen, das Wasser täglich wechseln, damit sie die Bitterkeit verlieren.
Nach 20 Tagen die Lake machen, d.h. Salz, Essig und Wasser zufügen, gut umrühren. Die Oliven in Gläser einlegen und mit der Lake völlig bedecken. Einen Monat darin lassen. Danach, falls wir die Oliven salzigsauer möchten, die Oberfläche mit Öl abdecken, falls nicht, die Lake bis auf eine Tasse pro Glas weggießen. Die zurückbehaltene Lake wieder ins Glas gießen und bis zur völligen Bedeckung der Oliven mit Olivenöl auffüllen.

Kreta

ELIES PRASSINES TSAKISTES ***

Grüne gequetschte Oliven

◆ 5 kg grüne Oliven ◆ 3 Zitronen

◆ 1 Bund Oregano-Zweige

Für die Lake:

◆ 1,6 l Wasser ◆ 300 g grobes Salz

Bevor die Oliven zu reifen beginnen, grüne auswählen und vorsichtig mit einem schweren Gegenstand, ohne den Kern zu spalten, zerdrücken. In ein Gefäß mit Wasser einlegen, Zitronenscheiben und Oregano zufügen und 4 Tage darin belassen. Danach die Lake durch Auflösen von Salz fertigmachen. Die Oliven mit den Zitronenscheiben und dem Oregano aus dem Gefäß nehmen und in Gläser einlegen, die Lake zugießen und jedes Glas vor dem Verschließen mit Olivenöl auffüllen.

Thassos

ELIES SAROMENES THASSOU ***

Geschrumpfte Oliven von Thassos

- 5 kg Oliven
- 1 kg grobes Salz
- 1 Tasse Oregano
- 80 g Olivenöl

Schwarze und große Oliven auswählen, mit dem Salz vermengen und in einem Leinensack lassen. Obenauf ein großes Gewicht legen, so daß das grobe Salz in die Oliven einbrennt, ihr ganzer Saft herauskommt und sie nach und nach zu schrumpfen beginnen. Wenn sie nach ungefähr 25-30 Tagen aufhören zu saften, werden sie aus dem Sack genommen und unter Zugabe von Oregano mit Olivenöl vermischt, damit sie glänzen.

GRIECHISCHE WEINE

Der Wein, ein Geschenk von Gott Dionysos an die Menschen, war eine der wichtigsten Komponenten der griechischen Kultur, deren Studium uns offenbart, daβ Literatur und Künste vom Wein beeinfluβt worden waren. Bei Ausgrabungen gefundene Weinbecher, Meisterstücke der mykenischen Kunst aus gehämmertem Gold, die einst gefüllt den Durst homerischer Gestalten stillten, sind heute leer und entzücken uns als Kunstwerke.

Die attischen Symposien unterteilte man in das nicht viel Zeit beanspruchende Abendessen und in das Trinken, das den Hauptteil des Symposiums bildete. Während des Trinkens nahmen die Gäste Wein zu sich und sprachen über ein gemeinsam gewähltes Thema. Es war also kein Zufall, daβ Platon die philosophischen Dialoge über die Liebe in den Rahmen eines Symposiums stellte.

Im Altertum waren die Weine der ägäischen Inseln berühmt, und zwar kamen die teuersten von Chios, Lesbos und Thassos. Auf den Amphoren aus vor Ort gefundenem Ton angebrachte Siegel schützten die Echtheit des Weines. Viele solcher Amphoren fand man in Mazedonien, am Schwarzen Meer, in Ägypten, auf Sizilien und sogar in Kambul, im Innern Asiens, und heute stellen sie unleugbare Zeugenaussagen für den Handel mit Weinen im Gebiet des ägäischen Meeres dar. Durch tausendjährige Gewohnheiten ist der Wein tief in der modernen griechischen Gesellschaft verwurzelt, eine Tatsache, die sich dadurch als wahr erweist, daβ es geografisch gesehen kein Gebiet gibt, in dem nicht irgendeine Weinart angebaut wird. Das ideale Klima und die vielfältigen Weinsorten des griechischen Bodens sichern den Nachkommen der bacchischen Kunst einen beneidenswerten Platz unter den weinerzeugenden Ländern. Die Weinproduktion beträgt pro Jahr fast 500 Mio Liter und die Verarbeitung der Weintrauben erfolgt in 360 organisierten Weinherstellerbetrieben, die über Behälter mit einem Fassungsvermögen von insgesamt 750.000 ccm verfügen. Das Verhältnis von Weiβwein zu Rotwein ist 6 zu 4. Ein Anteil von 10% sind "Weine mit der Herkunftsbezeichnung hoher Güte" (V.Q.P.R.D.) und die übrigen Tafelweine mit groβer kommerzieller Resonanz und offene Weine. Griechenland hat für seine Tafelweine die Altersbezeichnung "Κάβα" oder "Cava" gesetzlich erwirkt. Das Mindestalter ist für so bezeichnete Weiβweine zwei und für Rotweine drei Jahre. Viele offen verkaufte Weine sind vorzüglich und den V.Q.P.R.D.-Weinen gleichwertig, in nicht seltenen Fällen im Geschmack und in der Blume sogar besser, sofern sie in der Nähe ihres Erzeugungsortes gekauft werden. Lassen Sie uns nun die Wanderung beginnen und auf der Karte die Wege des griechischen Weinanbaus einzeichnen:

ROTFIGÜRLICHER ATTISCHER KELCHFÖRMIGER MISCHKRUG MIT SYMPOSIUMDARSTELLUNG 4.Jh.v.Chr., ARCHÄOLOGISCHES MUSEUM ATHEN

Peloponnes

Die Insel steht flächenmäβig im Weinanbau an erster Stelle, hier wird eine Reihe von Weinen höchster Güte hergestellt. Die hauptsächlichsten Weinerzeugungsgebiete sind:

1. NEMEA: Den Weinberg im Bezirk von Korinth hält man aufgrund der morphologischen und klimatologischen Bedingungen für einen der besten der Welt. Die Weinstöcke erstrecken sich von Anbauflächen direkt neben dem Meer bis zu 800 m hoch liegenden Hängen, sogar zwischen den Ruinen alter Tempel. In diesem Gebiet hat der Weinberg von Nemea einen besonderen Platz inne, dort wird nach Aussagen vieler die auserlesenste griechische rote Traubensorte **Agiorgitiko** angebaut, die in keinem anderen Gebiet gezogen wird. Aus dieser Sorte wird der Wein mit der Aufschrift "Herkunftsbezeichnung ***NEMEA*** von hoher Güte" erzeugt. Seine tiefrote Farbe gab den Anlaß, diesen Wein auch "Blut des Herakles" zu nennen. Ein fast schwarzer Wein, reich an Masse, der sich mit zunehmendem Alter in Eichenholzfässern ein charakteristisch duftendes Bukett zulegt.

2. MANTINIA: Im Herzen des Peloponnes treffen wir 650 m hoch auf die Weinberge mit **Moshofilero**, einer auserlesenen Sorte, die einen Weißwein mit hohem Säuregehalt, von leichtem Aroma und diskretem Fruchtgeschmack abgibt.

3. PATRAS: Südöstlich von der Stadt Patras erheben sich die Weinberghänge, wo der Anbaubereich des **Mavrodafni** zu Hause ist. In Kombination mit einer anderen Sorte, der schwarzen korinthischen Traube, wird ein Süßweintyp hergestellt, der viele Jahre in Eichenfässern nachreifen muß, um sich diejenigen Eigenschaften zuzulegen, die ihn als den vielbekannten ***"Mavrodafni von Patras"*** auszeichnen. Eine andere Sorte, die weiße Muskattraube, hat in diesem Gebiet ausgezeichnete Wachstumsbedingungen gefunden. Hierzu gehören die bekannten topazfarbenen, aromatisch wundervollen Süßweine, der ***"Muskatwein Patras"*** und der ***"Muskatwein Rio Patras"***. An den Hängen des Panachaischen Berges, zwischen 200 und 450 m vom Meer entfernt, vervollständigt noch eine weitere Variante das Weinsortiment dieses Gebiets - es ist der **"Roditis"**, der seinen Namen von den rosafarbenen Trauben erhät. Der daraus erzeugte Wein kommt mit der Bezeichnung "Herkunftsname Patras von hoher Güte" auf den Markt. Auch kleinere Weinfelder sind von Belang, die mit weniger bekannten Weintraubensorten, aber dennoch einer Aufmerksamkeit wert, fast in jedem Winkel des Peloponnes zu finden sind.

Kreta

Hier befindet sich der Überlieferung nach der älteste europäische Weinberg. Von selbst angewachsene Reben, deren Traubensorten vor den heißen Luftströmen Afrikas geschützt sind, ergeben eine Reihe von Weinen vorzüglicher Qualität.

1. SITIA und DAFNES: An der Ostseite der Insel, auf dem Weinberg von Sitia, wird die rote Sorte **Liatiko**, eine der ältesten des Mittelmeerraums, angebaut. Der ***"Sitia"*** ist ein roter, trockener, typischer Mittelmeerwein. Im Verwaltungsbezirk Heraklion wird aus derselben Sorte ein Süßwein unter der Bezeichnung ***"Malzavias"*** erzeugt. Die Sorte **Liatiko** finden wir auch im Gebiet von Dafnes, wo der ***"rote Dafnes"*** vom selben Typ wie der **"Sitia"** hergestellt wird.

2. ARCHANES und PESA: Aus der roten Sorte **Kotsifali** und der tiefdunklen Traube **Mandilaria** werden nennenswerte Rotweine mit den Bezeichnungen ***"Archanes"*** und ***"Pesa"*** hergestellt. Im Gebiet von Pesa stellt man auf ausgedehnten Weinfeldern, wo die Sorten **Soulvania, Rosaki, Vilana, Kotsifali und Mandilaria** angebaut werden, weiße, rosa und rote Tafelweine her. Durch die gemeinsame Verwendung der beiden letzten Sorten wird der trockene Rote mit dem Herkunftsnamen ***"Pesa (Mantiko)"*** erzeugt, während aus der Sorte **Vilana** der trockene Weiße mit der Herkunftsbezeichnung "Pesa" hergestellt wird.

Griechisches Festland und Euböa

Die weinerzeugenden Gebiete Attika, Böotien und Euböa bilden dem Wesen nach eine Ein-

TÄNZERPAAR IN DYONISISCHER EKSTASE AUS ELFENBEIN, KÖNIGSGRABENTDECKUNG IN VERGINA, 4. Jh. v.Chr., ARCHÄOLOGISCHES MUSEUM THESSALONIKI

heit. Dafür sorgte die in diesem riesigen Bereich angebaute weiße Sorte **Savvatiano**. Der bekannte ***"Retsina"*** ist ein Ausdruck dieser verschiedenen Arten. Die klimatologisch feinen Unterschiede in den Anbauzonen lassen - obgleich sie von derselben Traubenart hergestellt werden - unterschiedliche Charaktere der Weine entstehen. Aus diesem Gebiet kommt ein trockner weißer Wein mit der Aufschrift ***"Kantza Attikis"***. Alle anderen Weine gehören zur Kategorie der Tafelweine.

Mazedonien und Thrazien

Seit der Antike sind namentlich Thrazien und Mazedonien für die Qualität ihrer Weine bekannt. Die heutige Anbaufläche ist aufgrund eines plötzlichen Befalls mit Reblausen vor 70 Jahren kleiner als früher.

1. NAOUSSA, AMYNTEO, GOUMENISSA: An den Hängen des Berges Vermion befindet sich in 350 m Höhe der Weinberg von Naoussa, wo die bekannteste Traubensorte von Nordgriechenland, **Xinomavro** (schwarze Trockene), heranreift. Der ***"Naoussa"***, ein tiefdunkler Wein mit reicher Masse, muß alt werden, um Milde zu bekommen und sein volles Aroma zu entwickeln. Dieselbe Sorte wird auch in Amynteo angebaut, wo sich aufgrund der Höhenlage ein geschmacklicher Unterschied abzeichnet. In Goumenissa wird der schwarze Trockene zusammen mit einer anderen Sorte, **Negoska** genannt, gezogen. Beide zusammen ergeben eine geschmacklich vorzügliche Variante, den ***"Goumenissa"***.

2. BERGHÄNGE VON MELITONA: In den größten privaten Weinbergen von Chalkidiki kommen durch die griechisch-französische Freundschaft Wunder zustande. Zusammen mit der französischen **Cabernet Sauvignion und Cabernet France** wird die älteste griechische Weinsorte **Limnia** angebaut, was einen wundervollen roten, trockenen Wein ergibt. Den weißen Wein des Gebiets mit dem angenehm erfrischenden Geschmack stellt man aus den zusammen verarbeiteten Sorten **Roditis, Athiri und Asyrtiko** her. Aus diesen Sorten wird nach einem gewissen Verhältnis in den Klosteranlagen des Heiligen Berges Athos weißer und roter Wein mit der Aufschrift ***"Topikos Agioritikos Inos"*** erzeugt.

Ionische Inseln

Auf den Inseln Sakynthos, Levkada und Korfu werden hauptsächlich Tafelweine erzeugt, worunter der ***"Verdea"*** der bekannteste ist. Auf Kephallonia werden zwei bekannte Süßweine hergestellt, die einen Herkunftsnamen tragen, der "***Muskatwein Kephallonias"*** und der dunkle ***"Mavrodafni Kephallonias"***. Dagegen ist auf halber Höhe der Gebirgskette die weitbekannte Robola vorherrschend, eine auserlesene weiße Traubensorte, die den Flaschenwein ***"Robola Kephallonias"*** ergibt. Auf Levkada gibt es die rote Weinsorte **"Vertsami"**.

INSEL LESBOS: WEINFÄSSER IN EINER TAVERNE

Epirus

Obwohl das Festland nicht zu den wichtigsten Weinanbaugebieten Griechenlands zählt, ist es doch dank zweier Weine bekannt: des ***"Zitsa"*** und des ***"Metsovo"***. Der "Zitsa" stammt aus der einheimischen Sorte **Debina** und wird auf den Feldern nordwestlich von Joannina, in Zitsa, angebaut. Hier stellt man zwei Weinsorten her: Einen trockenen Weißen von leicht erfrischendem, fruchtigen Geschmack und einen natürlichen Schaumwein, der entweder als trockener oder als halbtrockener Wein angeboten wird. In Metsovo fand die französische Traubensorte **Cabernet Sauvignion** ideale Wachstumsbedingungen, um einen nicht zu übertreffenden roten Wein, reich an Masse, in Eichenfässern heranreifend, abzugeben.

Thessalien

In Thessalien unterscheidet man eigentlich vier Weinanbaugebiete. Tyrnavos, wo hauptsächlich Tafelweine aus der Traubenart **Muskatwein Amvourgo** hergestellt werden. Im Raum von Karditsa haben wir Rotweine aus der Sorte **Mavro Messenikola** und Weißweine aus der Traubenart **Batiki**. Im Gebiet von Nea Agchialo baut man speziell drei Traubensorten an: die rote **Sikioti**, die weiße **Savvatiano** und die **Roditis** mit der charakteristischen rosa Farbe. Aus den beiden letzten Sorten wird der Weißwein mit dem **"Herkunftsnamen Agchialos von hoher Güte"** erzeugt. Schließlich erstreckt sich in einer der schönsten Gegenden Griechenlands, zu den Tiefebenen (Tempi) hin, der Weinberg von Rapsani. Aus drei roten Traubensorten, der herbschwarzen, der **Krassato** und der **Stavroto**, entsteht der hochqualitative Rotwein mit der Herkunftsbezeichnung ***"Rapsani"***.

Inseln der östlichen Ägäis

Die Inseln Samos, Chios, Lesbos und die verwaltungsmäßig dazu gehörende Insel Limnos bilden das Weinanbaugebiet im Raum der östlichen Ägäis. Samos kommt hier die größere Bedeutung zu, es folgt die Insel Limnos, während sich die einst durch ihre Weine bekannt gewordene Insel Chios nach der türkischen Brandschatzung im Jahr 1821 lediglich an jene Tage zurückerinnert.

1. SAMOS: An den Hängen ihrer beiden Berge Ampelos und Kerke erstrecken sich bis zu einer Höhe von 800 m die Weinfelder. Der weiße Muskatwein ist die bedeutendste Sorte dieser Insel, die - auswärts von Samos gezogen - nie den auf der Insel hergestellten, berühmten Nektar gibt. Das ist nicht nur auf das Ökosystem der Insel zurückzuführen, sondern auch auf die Herstellungsart der Weine, die mit der Aufschrift ***"Samos"*** auf den Markt kommen.

2. LIMNOS: Die Berühmtheit der Weine von Limnos reicht bis ins Altertum zurück. An der Ostseite der Insel wurde, wie Aristoteles uns berichtete, die Traubensorte **Limnia** angebaut. Aus dieser, heute unter dem Namen Limnio bekannten Art wird nach alter Überlieferung ein roter Wein erzeugt. Heute ist Limnos dank seiner aus der **Muskattraubensorte Alexandria** hergestellten Weine bekannt, die einen weißen, trockenen Wein mit leichtem Muskataroma, aber auch einen weißen Süßwein abgibt.

Die Kykladen

Fast auf allen Kykladeninseln wird Wein angebaut. Bekannter als andere sind die Inseln Paros und Thira, und das nicht unberechtigt.

1. PAROS: Die Insel gab ihren Namen einem roten Wein, der aus zwei Traubensorten, der roten **Mandilaria** und der weißen **Monemvassia**, hergestellt wird. Der ***"Paros"*** reift in Eichenholzfässern nach und legt sich einen samtenen Geschmack zu.

2. THIRA (SANTORINI): Der weitbekannte Wein **"Santorini"** wird in einem auf der Welt einzigartigen Ökosystem hergestellt: Der poröse, vulkanische Boden hält die Feuchtigkeit gefangen und gibt sie in den Nachtstunden ab, während im August und September die Meltemiwinde keine feuchten Tropfen auf den Blättern der Weinstöcke lassen. Die Traubensorte dieser Insel wird für die auserlesenste im Mittelmeerraum gehalten: Es ist die Sorte **Asyrtiko**, aus der viele vorzügliche Weine hergestellt werden..

Der Dodekanes

Von den schönen Inseln des Dodekanes bleibt nur Rhodos der Weinherstellungstradition treu. Die weiße Traubensorte **Athiri** und die rote Sorte **Mandylaria** sprechen für die außergewöhnlichen Weine, den weißen und den roten ***"Rhodos"***. In geringeren Mengen wird der ***"Muskatwein Rhodos"*** aus den Traubensorten **Muskat weiss** und ***Muskat Trani*** hergestellt.

VIER DRACHMEN-MÜNZE
500-480 v. Chr.

WÖRTER-VERZEICHNIS

Avgolemono: Ei-Zitronen-Soße, stets von Hand geschlagen. Hervorragend im Geschmack und einfach in der Zubereitung. Damit legieren wir Suppen oder übergießen viele Gerichte.

Avgotaracho: Ein großartiger und sehr teurer Leckerbissen, der vom Rogen der Fische des Mittelmeers nach einer speziellen Bearbeitung hergestellt wird.

Ameletita: Angenehmere Ausdrucksweise für die Keimdrüsen von Lämmern und Zicklein. Hervorragender Leckerbissen.

Bougatsa: Eine Kuchenart, die wie Käse in Blätterteig aussieht, jedoch anstatt mit Käse mit einer süßen Creme gefüllt ist.

Elia: Die Griechen des Altertums veredelten den uralten Strauch "Kotino" und schufen den heiligen Olivenbaum, von dem wir die wundervolle Frucht haben. Heute sind die Gebiete, die Feuchtigkeit vom Mittelmeer aufnehmen, mit diesem Baum bewachsen.

Eliolado: Das Olivenöl wird durch das Zermalmen von Oliven hergestellt. Im Altertum benutzten es die Griechen zur Beleuchtung, als Medizin, doch vor allem als unzertrennliche Zutat bei ihrer Kochkunst. In Griechenland hat das Olivenöl nie aufgehört, Grundbestandteil beim Kochen zu sein, und es fehlt an fast keinem Gericht. Das Wort "Öl" ist synonym mit Olivenöl. Alle anderen Öle werden mit ihrem eigentlichen Namen bezeichnet. Die für ihr Öl bekannten Gebiete sind Kalamata, Amphissa, die Inseln Lesbos, Kreta u.a.

Fassolada: Das Nationalgericht der Griechen. Suppe von trockenen Bohnen mit Sellerie, Zwiebeln und Tomaten.

Feta: Der weitverbreiteste Käse in Griechenland. Uralte Herstellungsart aus Schafs- und Ziegenmilch. Es gibt drei Hauptsorten: Den "Varelissia", der in Holzfässern reift, den "Telemes", ein in Metallkanistern reifender und den "Kalathaki", ein in Binsenkörbchen reifender Feta: Dieser pikante Weißkäse fehlt in keinem Haushalt und in keiner Gaststätte und räumt den Griechen europaweit einen ersten Platz im Käseverbrauch ein. Fast alle Gerichte und Salate sind von Feta begleitet.

Gastra: Ein spezielles Küchenzubehör, besonders in den Gebirgsregionen Griechenlands. Runder, metallischer Gegenstand, der mit der entsprechenden Thraka (Kohlenglut) über das Blech gestellt wird und einen verblüffenden Grillerfolg hat.

Giomatari: Der junge Wein aus einem vollen Faß. Hat eine leichte Trübung.

Glyko koutaliou: Ein sehr süßes Kompott, das in keinem Kaffehaus fehlt. Besonders wirksam in Fällen von Unterzucker. Wird aus verschiedenen Früchten, Blumen und auch Gemüsesorten hergestellt. Man serviert es auf kleinen Tellerchen und immer gibt's ein Glas Wasser dazu.

Hasapotaverna: Taverne mit eigener Schlachterei.

Horta tou Vounou: Eine große Auswahl wilder Kräuter und Pflanzen mit regional verschiedener Namensgebung. Sehr bekannt die wilde "Radiki" (Zichorie), die roh oder gekocht einen wunderbaren Chicoreesalat abgibt.

Kaffees ellinikos: Griechischer Kaffee wird in einem kleinen Briki auf niedriger Flamme gekocht, in kleinen Mokkatassen serviert und ist nötigerweise von Trinkwasser begleitet. Das Verhältnis von Kaffee und Zucker je nach Wunsch desjenigen, der ihn trinkt, gibt ihm den Namen. "Metrios" heißt der Kaffee, der die gleiche Menge Kaffee wie Zucker hat, "Glykos" der mit mehr Zucker als Kaffee, und der "Sketos" hat überhaupt keinen Zucker. Wird der Kaffee von oben herab in die Tasse gegossen und bilden sich Blasen auf der Oberfläche, wird er "Vrastos" genannt. Hat er keine Blasen auf dem Schaum, wird also von unten eingegossen, nennt man ihn "Varis".

Kasseri: Eine gelbe Käseart mit angenehm süßlichem Geschmack, die vor allem in Zentralgriechenland hergestellt wird.

Kokkinisto: Zubereitungsart für Fleischgerichte. Zuerst wird es mit Olivenöl und Zwiebeln angebraten und zusammen mit kleingeschnittenen, frischen Tomaten gekocht.

Kokoretsi: Ein uraltes Gericht. In Stücke geschnittene Leber von Lämmern und Ziegenkälbern wird auf einen Bratspieß gezogen, mit Därmen umwickelt und über dem Holzkohlenfeuer gegrillt, besonders zu Ostern.

Kontosouvli: Am Spieß gebratene Lamm- oder Schweinefleischstücke mit Salz, Pfeffer und Oregano.

Koutouki: Kleinraum-Taverne mit einer kleinen Auswahl an Gerichten und großen Weinfässern voll gutem Retsina. Üblicherweise ist den Gästen dort das Singen erlaubt.

Ladera: Eine große Kategorie von mit Olivenöl gekochten Hauptgerichten, die vornehmlich Gemüse oder Hülsenfrüchte zur Grundlage haben.

Ladolemono: Mit frischer Zitrone per Hand geschlagenes Olivenöl. Damit übergießen wir hauptsächlich Braten, aber auch Salate.

Ladorigani: Olivenöl mit getrocknetem, zerriebenem Oregano, vor allem, um Bratfleisch und Fische damit einzureiben.

Lemonato: Dasjenige Gericht (hauptsächlich Fleisch), das mit viel Saft von frischen Zitronen hergestellt wird.

Manouri: Ein frischer Weichkäse, völlig salzlos.
Masticha: Ein international bekanntes aromatisches Produkt, das von Mastixbäumen hergestellt wird, die es nur in den Mastixdörfern auf der Insel Chios und nirgendwo anders gibt. Jeder Versuch, die Mastixbäume woanders hin zu verpflanzen, blieb erfolglos.
Meli: Ein uraltes, süßes Produkt, das die Bienen erzeugen, indem sie den Blütenstaub der Blumen aufsaugen. Der Honig wird fast überall in Griechenland hergestellt. Sehr bekannt ist der Honig vom Berg Ymittos in Attika. Er wird bei vielen Süßspeisen statt Zucker verwendet und dient mit Joghurt vermischt als Nachspeise.
Mysithra: Ein Käse, der hauptsächlich auf familiärer Ebene von der aus Urzeiten bekannten Schafs- oder Ziegenmilch entweder als Frisch- oder Trockenkäse hergestellt wird.

MELKEN IM FREIEN

Ouzo: Destillat von den Trebern der Weintrauben unter Beimischung von Anis. Besonders der Ouzo ist in der ganzen Welt bekannt.
Paidakia: Die in kleine Koteletts geschnittenen und auf Holzkohle gebratenen Rippen des Lammes bilden zusammen mit dem Lamm am Spieß das grundlegendste Gericht in den Landtavernen ganz Griechenlands.
Paximadia: Im Ofen geröstete Brotscheiben von Weizen- oder Gerstenbrot. Sie sind leicht aufzubewahren, aber auch sehr schmackhaft, besonders die Gerstenzwiebäcke von Kreta und den Kykladen-Inseln.
Pita: Ein exklusives Präparat der griechischen Kochkunst aus Blätterteig mit Füllungen, vor allem von Käse-, Gemüse-, aber auch Fleischeinlagen. Ein vollständiges Nahrungsmittel, bei dem die Kunst der Hausfrau mit der Einfachheit des Überbringens kombiniert ist. Die Teigtaschen des Epirus (Festlands) gelten als die besten.
Phyllo: Teig aus Weizenmehl, der zu einer blattdünnen Lage ausgerollt wird, um Teigtaschen, verschiedene Gerichte und Süßwaren zu fertigen.
Retsina: Ein besonders in Attika erzeugter Faßwein. Seinen Namen erhielt er vom "Retsina", dem aus dem Stamm der Pinien gewonnenen Harz, der dem Wein in geringen Mengen zugesetzt wird, damit er sich hält, und ihm das charakteristische Aroma verleiht.
Riganato: Ein Gericht, das Oregano als Grundelement hat. Rigani: Oregano, allbekannte, an sehr vielen Orten in Form von Sträuchern wachsende Pflanze mit breiter Verwendung in der griechischen Küche.
Saganaki: Kleine Pfanne, in der verschiedene pikante Vorspeisen gebraten und daraus serviert werden.
Sharas: Alles, was mit Thraka auf der Shara

gegrillt wird, vor allem Fleisch und Fische.

Soropato: Die in zähem Sirup eingelegte Frucht.

Sosma: Die Neige vom Faßwein.

Souvlaki: Das bekannteste Schnellgericht in Griechenland. Es besteht aus Fleischstücken am kleinen Spieß oder aus am Bratspieß befestigtem Hackfleisch, auf oder vor Holzkohle gegrillt, das zusammen mit Tomaten- und Zwiebelstückchen, Petersilie und Tsatsiki in eine speziell gebackene Pita gewickelt wird.

Souvlas: Alles an einem Bratspieß gegrillte Fleisch.

Spitiko: Bezeichnung für Hausmannskost im Unterschied zu den im Restaurant zubereiteten Gerichten. Gemeint sind solche aus frischen, unverfälschten Zutaten, generell qualitativ bessere.

Stamnas: In einer kleinen "Stamna", einem tonerdenen Wasserkrug, geschmortes Fleisch.

Thraka: Fertige Holzkohlenglut, um jede Art Fleisch aufzunehmen.

KRETISCHE HOCHZEITSBROTKRÄNZE

Thymari: Kleiner Strauch mit außergewöhnlichem Duft, der auf unfruchtbarem und trockenem Boden, vor allem in Attika und auf den Inseln wächst. Sein Aroma findet für den besten Honig und bei vielen Rezepten Verwendung.

Tis Oras: Vor allem kurzgebratene Fleischgerichte, die auf Bestellung im Lokal zubereitet werden.

Trahanas: Ein Teig, der in vielen Häusern, vor allem der Gebirgsregionen Griechenlands, aus Mehl, Milch und Eiern zubereitet und zu einer graupenähnlichen Art granuliert wird.

Tsatsiki: Überall in Griechenland bekannte Vorspeise aus Joghurt mit Knoblauch und Gurke.

Tsipouro - Tsikoudia - Raki: Drei verschiedene Bezeichnungen für das Destillat von Weintrebern, aber auch von Feigen und Maulbeeren, das auf familiärer Basis in fast ganz Griechenland erzeugt wird. Erst in den letzten Jahren ist es auch in Flaschen abgefüllt im Umlauf.

Vasilikos: Basilikum, Symbolpflanze in griechischen Höfen. Anzutreffen in zwei Arten, dem kleinblättrigen wilden Basilikum und dem breitblättrigen. Hat einen wunderbaren Duft und wird frisch, aber auch getrocknet für viele Speisen verwendet. Vertreibt die unerwünschten Mücken und Fliegen.

Xerosphyri: Der Konsum von Wein oder Ouzo ohne appetitanregende Happen.

Ypovryhio: Eine in Kaffeehäusern servierte Süßigkeit, die aus einem Teelöffel zäher, weißer Zuckermischung mit Vanille- oder Mastixgeschmack, der in ein Glas Wasser getaucht ist, besteht.

I N D E X